Liberte o poder do seu subconsciente

Joseph Murphy

Liberte o poder do seu subconsciente

Tradução
Patrícia Azeredo

13ª edição

Rio de Janeiro | 2021

CIP-BRASIL. CATALOGAÇÃO NA FONTE
SINDICATO NACIONAL DOS EDITORES DE LIVROS, RJ.

Murphy, Joseph, 1898-1981

M96L   Liberte o poder do seu subconsciente / Joseph Murphy; tradução Patrícia Azeredo
13ª ed.   – 13ª ed. – Rio de Janeiro: BestSeller, 2021.

Tradução de: The Secret to the Subconscious Power Within You
ISBN: 978-85-7684-764-9

1. Administração de pessoal. 2. Liderança. 3. Profissões – Desenvolvimento.
I. Azeredo, Patricia. II. Título.

CDD: 658.314
17-39071   CDU: 658.310.42

Texto revisado segundo o novo Acordo Ortográfico da Língua Portuguesa.

Título original norte-americano
THE SECRET TO THE SUBCONSCIOUS POWER WITHIN YOU
Copyright © by JMW Group, Inc. Larchmont
Copyright da tradução © 2017 by Editora Best Seller Ltda.
Publicado mediante acordo com JMW Group, Inc., Larchmont, Nova York.

Design de capa: Guilherme Peres

Todos os direitos reservados. Proibida a reprodução,
no todo ou em parte, sem autorização prévia por escrito da editora,
sejam quais forem os meios empregados.

Direitos exclusivos de publicação em língua portuguesa para o Brasil
adquiridos pela
EDITORA BEST SELLER LTDA.
Rua Argentina, 171, parte, São Cristóvão
Rio de Janeiro, RJ – 20921-380
que se reserva a propriedade literária desta tradução

Impresso no Brasil

ISBN 978-85-7684-764-9

Seja um leitor preferencial Record.

Cadastre-se no site www.record.com.br e receba informações
sobre nossos lançamentos e nossas promoções.

Atendimento e venda direta ao leitor
sac@record.com.br

Sobre este livro

Os capítulos deste livro apresentam ao leitor um caminho para viver de maneira mais saudável, feliz e gratificante de todas as formas e expressões possíveis. Os textos do Dr. Murphy estão previstos pelas leis universais da mente e por meio da espiritualidade infinita dentro do coração e da mente de todos nós. Ao combinar as abordagens metafísica, espiritual e pragmática do Dr. Murphy com sua forma de pensar e viver, você vai aprender o segredo para alcançar o que realmente deseja. Começará a preencher a mente com padrões nobres e divinos de pensamento e se alinhará ao espírito infinito interior. Reivindique a beleza, o amor, a paz, a sabedoria, as ideias criativas, e o infinito vai responder na mesma proporção, transformando sua mente, seu corpo e tudo ao seu redor. O pensamento é o meio entre o espírito, o corpo e o material.

Trata-se de uma ferramenta que pode ser usada para resolver a maioria dos problemas que indivíduos encontram na vida. Foi comprovado que, com ela, é possível atingir os objetivos pretendidos. O tema básico de Murphy diz que a solução para os problemas está dentro de cada um de nós. Os elementos externos não podem mudar o pensamento de alguém, ou seja: a sua mente pertence apenas a você. Para ter uma vida melhor, é preciso mudar a mente em vez das circunstâncias externas. Você cria o seu destino. O poder da mudança está na mente e, ao usar o poder da mente subconsciente, você pode mudar para melhor.

Os textos que compõem este livro foram tirados da primeira incursão do Dr. Murphy pela escrita, no início da década de 1950, quando ele começou a transcrever as partes mais importantes de seus sermões e palestras no boletim da igreja. Muitos de seus seguidores queriam mais do que estes resumos e sugeriram que ele publicasse seus artigos, roteiros de programas de rádio, palestras, livretos e sermões. A princípio, Murphy hesitou, mas concordou em experimentar. Os programas de rádio eram gravados em enormes discos de 78 rotações, prática usual na época. Ele fez seis livretos de um desses discos e os colocou na recepção do saguão do Wilshire Ebell Theater. Foram todos vendidos em uma hora. Isso marcou o início de uma nova empreitada. Os livretos, que explicavam textos bíblicos e forneciam meditações e preces para seus ouvintes, passaram a ser vendidos não só na igreja dele, como em outras igrejas, livrarias e também pelo correio.

Ao perceber o crescimento da igreja, Dr. Murphy contratou uma equipe para auxiliá-lo nos vários programas em que estava envolvido e também na pesquisa e na preparação dos livretos. Um dos integrantes mais eficazes da equipe era a sua secretária administrativa, Dra. Jean Wright. A relação de trabalho se transformou em romance e eles se casaram, criando uma parceria que enriqueceu a vida de ambos. Nessa época (década de 1950), não havia muitas editoras voltadas à espiritualidade. Os Murphy encontraram algumas editoras pequenas em Los Angeles e produziram uma série de livretos, cada um tendo entre trinta e cinquenta páginas impressas na forma de panfleto, que foi vendida principalmente em igrejas, a preços que variavam entre US$ 1,50 e 3.

Quando os pedidos para esses livros aumentaram a ponto de exigir segunda e a terceira edições, as grandes editoras reconheceram que havia um mercado para materiais inspirados em espiritualidade e convenceram o Dr. Murphy a escrever livros mais longos. Ele ficou conhecido em outras regiões além de Los Angeles graças aos livretos, programas de rádio e palestras, e foi convidado a falar em todo o país. Ele não limitou suas palestras a assuntos religiosos e abordou também os valores históricos da existência, a arte da vida saudável e os ensinamentos dos grandes filósofos da cultura oriental e ocidental.

Sumário

1. O poder de cura da mente subconsciente 11
2. Técnicas práticas de cura mental 21
3. O domínio do medo 39
4. O seu direito de ser rico 49
5. Como prosperar 59
6. Fique jovem para sempre 71
7. Os 12 poderes 87
8. Como obter resultados com a oração 97
9. As etapas para o sucesso 115
10. As rodas da verdade 129
11. O mundo do amanhã 151
12. Dormir — O shabat 167
13. Afirmações para a saúde e a riqueza 181
14. Afirmações para o amor, a personalidade e os relacionamentos familiares 193

CAPÍTULO 1

O poder de cura da mente subconsciente

É FATO QUE TODOS nós vivemos em busca da cura para questões do corpo e da alma. O que é capaz de curar? Onde está o poder da cura? Essas são perguntas feitas por todos. A resposta é que o poder da cura está na mente subconsciente de cada pessoa, e mudar a atitude mental da pessoa doente pode liberar esse poder.

Nenhum praticante de ciências mentais ou religiosas, nenhum psicólogo, psiquiatra ou médico curou um paciente. Há um ditado: "O médico faz o curativo, mas quem cura é Deus." O psicólogo ou psiquiatra é responsável por remover os bloqueios mentais do paciente, de modo que o princípio de cura seja liberado, recuperando sua saúde. Da mesma forma, o cirurgião remove o bloqueio físico, permitindo que a corrente de cura funcione normalmente. Nenhum médico, cirurgião ou profissional de ciências mentais alega ter "curado o paciente". O único poder curativo é chamado por vários nomes: Natureza, Vida, Deus, Inteligência Criativa e Poder Subconsciente.

Existem diversos métodos utilizados para remover os bloqueios físicos, mentais e emocionais responsáveis por inibir o fluxo do princípio curativo da vida que anima todos nós. O princípio de cura que reside na mente subconsciente pode curar a mente e o corpo de todas as doenças quando adequadamente direcionado por você ou outra pessoa. Esse princípio de cura funciona para todos, independente da religião, da cor ou da etnia. Você não precisa pertencer a uma igreja específica para utilizar e participar desse processo de cura. O subconsciente vai curar a queimadura ou o corte na sua mão, mesmo que você se considere ateu ou agnóstico.

O procedimento terapêutico moderno se fundamenta nesta verdade: a inteligência infinita e o poder do subconsciente reagem de acordo com a sua fé. Os praticantes de ciências mentais ou religiosas seguem a prescrição da Bíblia e se dirigem a um lugar reservado para acalmar a mente; lá, eles relaxam, esquecem os problemas e pensam na presença curativa infinita que há neles. Esses indivíduos fecham a mente para todas as distrações externas e, em seguida, de modo tranquilo e intencional, fazem uma solicitação ou pedido ao subconsciente, percebendo que a inteligência da mente fornecerá as respostas de acordo com suas necessidades.

A descoberta mais maravilhosa é esta: imagine o objetivo desejado e sinta a realidade dele. O princípio infinito da vida vai responder à sua escolha e ao seu pedido consciente. Este é o significado da crença que você recebeu e receberá. E também é o que o cientista mental moderno faz quando pratica a terapia da prece.

UM PROCESSO DE CURA

Existe apenas um princípio universal de cura operando em tudo o que é vivo, seja o gato, o cachorro, a árvore, a grama, o vento ou a terra. Esse princípio vital opera através dos reinos animal, vegetal e mineral, na forma de instinto e lei do crescimento. A mente humana capta de modo consciente este princípio vital e tem a capacidade de direcioná-lo, também conscientemente, para se abençoar de incontáveis formas.

Há várias abordagens, técnicas e métodos para usar o poder universal, mas existe apenas um processo de cura, que é a fé. E ele será aplicado em você de acordo com a fé que você tiver.

A LEI DA CRENÇA

Todas as religiões do mundo representam formas de crença, e essas crenças são explicadas de várias maneiras. A lei da vida é a crença. No que você acredita em relação a si mesmo, à vida e ao universo? Isso será aplicado em você, de acordo com as suas crenças.

A crença é um pensamento que faz o poder do subconsciente ser distribuído em todas as fases da vida, de acordo com os seus hábitos de pensamento. Se você observar bem, perceberá que a Bíblia não fala sobre a crença em um determinado ritual, cerimonial, forma, instituição ou fórmula. Ela fala sobre a crença em si. A crença da sua mente é simplesmente o seu pensamento. "Se tu podes crer, tudo é possível ao que crê." (Marcos 9:23).

É tolice acreditar em algo que vai prejudicar ou fazer mal a você. Lembre-se: não é o que você acredita, e sim a sua crença ou o seu pensamento que cria o resultado. Todas as experiências, atos, eventos e circunstâncias da sua vida são apenas reflexos e reações ao seu pensamento.

A terapia da prece é a função combinada da mente consciente e inconsciente direcionada de modo científico. É a função sincronizada, harmoniosa e inteligente dos níveis consciente e subconsciente da mente direcionados de maneira específica para um determinado propósito. Na prece científica ou terapia da prece, você deve saber o que está fazendo e por que está fazendo. Você deve acreditar na lei da cura. A terapia da prece também é chamada de tratamento mental ou prece científica.

Na terapia da prece, você escolhe conscientemente determinada ideia, imagem mental ou plano que deseja vivenciar. Sua capacidade de comunicar esta ideia ou imagem mental para o subconsciente é percebida, sentindo a realidade do estado presumido. Se você permanecer fiel em sua atitude mental, a prece será atendida. Essa terapia é uma ação mental clara para um propósito específico e preciso.

Suponha que você decida curar uma determinada dificuldade com esse tratamento. Você sabe que seu problema ou doença pode ser causado por pensamentos negativos carregados de medo e alojados no subconsciente e que, se você conseguir tirar esses pensamentos da sua mente, obterá a cura.

Portanto, você recorre ao poder curativo dentro do subconsciente, lembrando a si mesmo do poder e inteligência infinitos e da capacidade que esse poder tem de curar tudo. Enquanto você se concentra nessas verdades, o medo começará a se dissolver, e a lembrança dessas verdades também corrigirá as crenças errôneas.

Você agradece pela cura, que sabe que virá, e afasta a mente da dificuldade até se sentir guiado, após um intervalo, a orar novamente. Durante a prece, é essencial que você se recuse a dar poder a quaisquer condições negativas ou a admitir, mesmo por um segundo, que a cura não virá. Essa atitude mental promoverá a união harmoniosa entre a mente consciente e a inconsciente, conferindo o poder de cura.

A CURA PELA FÉ — O QUE ISSO SIGNIFICA E COMO A FÉ CEGA FUNCIONA

O que é popularmente conhecido como cura pela fé não se trata da fé mencionada na Bíblia. Trata-se do conhecimento sobre a interação entre a mente consciente e a subconsciente. Os curandeiros são pessoas que curam sem ter qualquer compreensão científica dos poderes e forças envolvidos. Eles podem alegar que têm o dom especial da cura, e a fé cega do doente nesses poderes pode apresentar resultados.

Curandeiros em sociedades primitivas podem curar por sortilégios; a pessoa pode ser curada ao tocar os chamados ossos de santos ou qualquer outro objeto que a faça acreditar sinceramente naquele método ou processo.

O poder de cura da mente subconsciente

Qualquer método que faça alguém deixar de sentir medo e preocupação para ter fé e esperança vai ser eficiente. Muitas pessoas podem alegar que determinada teoria dá resultados e que, portanto, está correta. Como já foi explicado neste capítulo, isso não pode ser verdade.

Para ilustrar como a fé cega funciona, vamos falar do médico suíço Franz Anton Mesmer. Em 1776, ele alegou realizar várias curas ao passar ímãs artificiais em pessoas doentes. Mais tarde, ele abandonou os ímãs e evoluiu para a teoria do magnetismo animal, um fluido que permeia o universo, mas que seria mais ativo no organismo humano. Mesmer alegava que esse fluido magnético saía dele para os pacientes e os curava. As pessoas corriam em multidões para se consultar com ele, e várias curas incríveis ocorreram.

Mesmer se mudou para Paris, onde o governo formou uma comissão de médicos e integrantes da Academia de Ciências, da qual Benjamin Franklin fazia parte, para investigar essas curas. O relatório aceitava os principais fatos alegados por Mesmer, mas alegava não haver evidências que comprovassem que a teoria dos fluidos magnéticos estava correta. Também defendia que os efeitos eram causados pela imaginação dos pacientes.

Pouco tempo depois, Mesmer foi levado ao exílio e morreu em 1815. Em seguida, James Braid, um médico de Manchester, tomou para si a tarefa de mostrar que o fluido magnético não tinha nenhuma relação com as curas do Dr. Mesmer. Dr. Braid descobriu que os pacientes podiam ser lançados em um sono hipnótico por sugestão, durante o qual muitos fenômenos que eram atribuídos ao magnetismo por Mesmer podiam ser produzidos.

É possível observar que todas essas curas foram certamente realizadas pela imaginação ativa dos pacientes, aliada a uma sugestão poderosa de saúde para o subconsciente dessas pessoas. Tudo isso era chamado de fé cega, pois na época não era possível entender como as curas aconteciam.

FÉ SUBJETIVA — O QUE ISSO SIGNIFICA

Você vai se lembrar da afirmação — e ela não precisará ser repetida muitas vezes — de que a mente subjetiva ou subconsciente é tão receptiva ao controle da própria consciência ou da mente objetiva quanto pode ser pela sugestão de outra pessoa. Seja qual for a sua crença objetiva, se você assume ter fé, ativa ou passivamente, o subconsciente será controlado pela sugestão, e o seu desejo será realizado.

A fé exigida nas curas mentais é puramente subjetiva. Para curar o corpo, é obviamente desejável garantir a fé simultânea da mente consciente e da subconsciente. Contudo, isso não será necessariamente imprescindível se você entrar em um estado de passividade e receptividade, relaxando a mente e o corpo rumo a um estado sonolento, quando sua passividade fica receptiva à impressão subjetiva.

Recentemente me perguntaram: "Como conseguir uma cura através de um sacerdote? Não acreditei quando ele me disse que não existia isso de doença e que a matéria também não existe." No começo, esse homem pensou que sua inteligência estava sendo insultada e protestou contra um absurdo tão evidente. A explicação é simples. Ele foi acalmado por palavras reconfortantes, ditas para levá-lo a uma condição perfeitamente passiva, sem falar ou pensar em nada naquele momento. O sacerdote também ficou passivo e afirmou, de maneira calma, tranquila e constante, por cerca de meia hora, que aquele homem teria saúde, paz, harmonia e plenitude. O homem sentiu um alívio imenso, e sua saúde foi restaurada.

É fácil ver que a fé subjetiva do homem se manifestou pela passividade dele durante o tratamento, e que as sugestões de saúde feitas pelo sacerdote foram transmitidas ao subconsciente, levando as duas mentes subjetivas a se unirem. O sacerdote não foi prejudicado pelas autossugestões antagonistas do paciente, que tinha dúvidas objetivas em relação ao poder religioso ou à correção da teoria. Nesse estado de sonolência, a resistência da mente consciente ficou reduzida ao mínimo, e os resultados surgiram. A mente subconsciente do paciente foi controlada por essa sugestão e exerceu suas funções de acordo com ela, levando à cura.

O SIGNIFICADO DO TRATAMENTO AUSENTE

Imagine descobrir que sua mãe, que mora em Nova York, está doente, e você vive em Los Angeles. Ela não está fisicamente no mesmo lugar que você, mas você pode rezar por ela. "O Pai, que está em mim, é quem faz as obras." (João 14:10).

A lei criativa da mente (subconsciente) lhe servirá e fará o trabalho. A resposta é automática. O tratamento serve para induzir uma percepção interna de saúde e harmonia em sua mentalidade. Essa realização interna age por meio da mente subconsciente e opera por meio da mente subconsciente da sua mãe como se fosse apenas uma mente criativa. Seus pensamentos de saúde, vitalidade e perfeição operam por meio da mente universal e subjetiva, colocando em movimento uma lei no lado subjetivo da vida que se manifesta por meio do corpo dela na forma de cura. No princípio mental não há tempo ou espaço. É a mesma mente que opera através da sua mãe, não importa onde ela esteja. Na realidade, não existe tratamento ausente em oposição ao tratamento presente, pois a mente universal é onipresente. Você não vai tentar enviar pensamentos ou manter um pensamento. O seu tratamento consiste em um movimento consciente do pensamento e, à medida que você se torna ciente das propriedades de saúde, bem-estar e relaxamento, elas ressuscitarão na experiência de sua mãe e os resultados vão aparecer.

A seguir, veremos um exemplo perfeito do que se chama tratamento ausente. Há pouco tempo, uma ouvinte do nosso programa de rádio em Los Angeles rezou dessa forma pela mãe, que havia sofrido uma trombose coronária em Nova York: "A presença da cura está exatamente onde minha mãe está. A condição corporal dela é apenas um reflexo da vida pensada como sombras em uma tela. Sei que,

Liberte o poder do seu subconsciente

para mudar as imagens dessa tela, eu preciso mudar o filme que está sendo projetado. Minha mente é o rolo de projeção, e nessa tela eu projeto imagens de plenitude, harmonia e saúde para a minha mãe. A presença curadora infinita que criou o corpo da minha mãe, com todos os órgãos, agora está saturando cada átomo dela, e um rio de paz flui em cada célula de seu corpo. Os médicos serão divinamente guiados, e quem tocar minha mãe será orientado a fazer o certo. Sei que a doença não tem realidade final. Se tivesse, ninguém nunca seria curado. Agora eu me alinho ao princípio infinito do amor e da vida, e eu sei e decreto que a harmonia, a saúde e a paz estão sendo expressas nesse exato momento no corpo da minha mãe."

Ela rezou dessa forma várias vezes ao dia, e sua mãe teve uma recuperação notável em pouco tempo, para surpresa do especialista que a acompanhava. O médico a elogiou pela grande fé no poder de Deus.

A influência dos pensamentos da filha colocou em movimento a lei criativa da mente no lado subjetivo da vida, que se manifestou no corpo da mãe na forma de saúde perfeita e harmonia. O que a filha sentiu como verdadeiro sobre sua progenitora foi simultaneamente ressuscitado como experiência da mãe.

LIBERAR A AÇÃO CINÉTICA DA MENTE SUBCONSCIENTE

Um amigo psicólogo me contou que um de seus pulmões estava infectado. Radiografias e exames detectaram a presença de tuberculose. À noite, antes de dormir, ele passou a afirmar calmamente: "Cada célula, nervo, tecido e músculo dos meus pulmões agora estão se tornando plenos, puros e perfeitos. Todo o meu corpo terá a saúde e a harmonia restauradas."

Essas não foram exatamente as palavras dele, mas representam a essência do que ele dizia. A cura total ocorreu em um mês. Radiografias posteriores confirmaram isso. Eu quis saber um pouco mais sobre o método utilizado, então perguntei por que ele repetia as palavras antes de dormir. A resposta foi: "A ação cinética da mente consciente continua durante o sono, por isso dê ao subconsciente algo bom para trabalhar enquanto descansa." Essa resposta foi muito sábia. Ao pensar em harmonia e saúde perfeitas, ele nunca citou o problema pelo nome.

Sugiro fortemente que você pare de falar sobre seus problemas ou de dar nome a eles. A atenção e o medo que você tem são a fonte de onde eles tiram vida. Assim como o meu amigo psicólogo, torne-se um cirurgião mental, e os seus problemas serão cortados como galhos mortos de uma árvore. Se você constantemente dá nome a suas dores e sintomas, a ação cinética é inibida, o que significa o bloqueio da liberação do poder de cura e a energia da mente subconsciente. Além disso, pela lei da sua mente, a imaginação tende a tomar forma daquilo que você mais teme. Preencha a mente com as grandes verdades da vida e progrida rumo à luz do amor.

RESUMO DAS FERRAMENTAS PARA A SAÚDE

Descubra o que cura você. Perceber as direções corretas fornecidas pelo subconsciente vai curar sua mente e seu corpo. Desenvolva um plano nítido para transferir seus pedidos ou desejos para seu subconsciente.

Imagine o que você deseja e sinta a sua realidade. Persista nisso e conseguirá resultados precisos. Decida o que a crença é. Saiba que a crença é um pensamento na mente, e o que você pensa será criado. É tolice acreditar em doença e algo para lhe prejudicar ou fazer mal. Acredite em saúde, prosperidade, paz, riqueza e orientação divina.

Os pensamentos importantes e nobres nos quais você habitualmente se concentra se transformam em grandes atos.

Aplique em sua vida a força da terapia da prece. Escolha determinado plano, ideia ou imagem mental. Una-se a essa ideia em termos mentais e emocionais. Caso você permaneça fiel a essa atitude mental, sua prece será atendida.

Lembre-se sempre: se você realmente quer o poder da cura, poderá tê-lo através da fé. Isso significa conhecer o trabalho da sua mente, nos planos consciente e inconsciente. A fé vem com a compreensão.

A fé cega significa que uma pessoa pode obter resultados na cura sem ter qualquer compreensão científica dos poderes e das forças envolvidas nela.

Aprenda a rezar pelas pessoas queridas que estão doentes. Acalme a mente, e assim seus pensamentos de saúde, vitalidade e perfeição irão operar através da mente subjetiva universal. Eles serão percebidos e ressuscitarão na mente da sua pessoa querida.

CAPÍTULO 2

Técnicas práticas de cura mental

UM ENGENHEIRO LANÇA MÃO de uma técnica e de procedimentos específicos para construir uma ponte ou um motor. Assim como o engenheiro, a sua mente também usa uma técnica para governar, controlar e direcionar sua vida. Você deve perceber quais são os principais métodos e técnicas.

Ao construir a ponte Golden Gate, os engenheiros primeiro estudaram os princípios matemáticos, as pressões e tensões. Depois, conceberam uma imagem da ponte ideal que cruzaria a baía. A terceira etapa foi aplicar métodos testados e comprovados, por meio dos quais os princípios foram implementados até que a ponte tomasse forma e pudéssemos atravessá-la de carro.

Da mesma forma, existem técnicas e métodos pelos quais as nossas preces são atendidas. Se a sua prece foi atendida, há uma maneira pela qual isso acontece, e isso é científico. Nada acontece por acaso. Esse é um mundo de lei e ordem. Neste capítulo, você vai encontrar técnicas práticas para aplicar e promover a vida espiritual. Suas preces não devem ficar no ar como um balão; elas precisam ir a algum lugar e realizar algo na sua vida.

Quando analisamos a prece, descobrimos que existem vários métodos e abordagens diferentes. Não vamos considerar, neste livro, as preces formais e os rituais utilizados em serviços religiosos. Eles têm um lugar importante na adoração em grupo. Nossa preocupação imediata é com os métodos pessoais de prece aplicados na vida diária e utilizados para ajudar os outros.

A prece ocorre quando formulamos uma ideia sobre algo que desejamos realizar. Trata-se do desejo sincero da alma. O seu desejo é sua prece. Ela vem de suas necessidades mais profundas e revela o que você quer na vida. "Bem-aventurados os que têm fome e sede de justiça, porque eles serão fartos." (Mateus 5:6). Isto é a prece: a fome de vida e a sede de paz, harmonia, saúde, alegria e outras bênçãos na vida.

A TÉCNICA DE IGNORAR PARA IMPREGNAR O SUBCONSCIENTE

Essa técnica consiste basicamente em induzir o seu subconsciente a apoderar-se do seu pedido como se ele tivesse sido feito pelo seu consciente. Essa transmissão é mais bem-sucedida em um estado semelhante ao devaneio. Saiba que na mente profunda existe uma Inteligência Infinita e um Poder Infinito. Apenas pense tranquilamente no que você quer e veja isto se tornando realidade a partir deste momento. Imagine a menina que tossia muito e estava com a garganta dolorida. Ela declarou firme e repetidamente: "Está passando agora. Está passando agora" e melhorou em cerca de uma hora. Ao usar esta técnica com total simplicidade e ingenuidade, o subconsciente vai aceitar o que está sendo planejado para ele.

Se você fosse construir uma casa para morar com a família, certamente se interessaria pela criação da planta e faria de tudo para que os construtores a seguissem. Você tomaria cuidado com o material e escolheria apenas as melhores madeiras, a fiação, o melhor de tudo. Mas, e quanto à sua casa mental e à planta da felicidade

Técnicas práticas de cura mental

e da abundância? Todas as experiências e tudo o que entra em sua vida depende da natureza dos tijolos que você usa para construir o seu lar mental. Se sua planta mental está cheia de padrões de medo, preocupação, ansiedade ou escassez, e se você estiver desanimado, com dúvidas ou com pensamentos de maldade, a textura do material que você está tecendo mentalmente aparece na forma de mais desgaste, preocupação, tensão, ansiedade e limitações de todo tipo. A atividade mais fundamental e poderosa da vida é a que você constrói na mente a cada hora. A sua palavra, embora silenciosa e invisível, é real. Você está construindo um lar mental o tempo todo, onde os pensamentos e imagens mentais representam essa planta. A cada hora, a cada momento, é possível gerar saúde, sucesso e felicidade através de pensamentos que você cria, as ideias que acolhe, as crenças que aceita e as cenas que ensaia no estúdio oculto da mente. Esta mansão grandiosa, construção na qual você está perpetuamente envolvido, são a sua personalidade e a identidade neste plano, são toda a história de sua vida nesta Terra.

Faça uma nova planta, criada silenciosamente ao perceber a paz, harmonia, alegria e boa vontade no momento presente. Ao se concentrar nessas coisas e reivindicá-las para si, o subconsciente vai aceitar esta planta e transformar tudo isso em realidade. "Por seus frutos os conhecereis." (Mateus 7:16).

A CIÊNCIA E A ARTE DA VERDADEIRA PRECE

A palavra "ciência" significa conhecimento coordenado, organizado e sistematizado. Vamos pensar na ciência e na arte da verdadeira prece. Ela lida com os princípios fundamentais da vida, com as técnicas e os processos pelos quais elas podem ser demonstradas em você e em todos os seres humanos quando aplicada com fé. A arte é a técnica ou processo, e a ciência por trás dela é a resposta definitiva da mente criativa à sua imagem mental ou pensamento. "Pedi, e dar-se-vos-á; buscai, e encontrareis; batei, e abrir-se-vos-á." (Mateus 7:7).

Neste versículo, você aprende que deverá receber pelo que pede. A porta se abrirá ao seu comando, e você deverá encontrar o que procura. Este ensinamento indica a certeza das leis mentais e espirituais. Há sempre uma resposta direta da Inteligência Infinita que está na mente subconsciente para a consciente. Se você pedir pão, não irá receber pedra. É preciso pedir acreditando para conseguir receber. A mente se move do pensamento para o objeto. Se não houver uma imagem na mente, ela não poderá se mover, pois não haveria para onde ir. A prece, que é o seu ato mental, deve ser aceita como imagem na mente, antes que o poder do subconsciente atue e faça com que ela seja produtiva. Você deve alcançar um ponto de aceitação em sua mente, um estado incondicional e indiscutível de concordância. Esta contemplação deverá ser acompanhada por uma sensação de alegria e tranquilidade ao prever a realização certa do seu desejo. A base sólida para a arte e a ciência da verdadeira prece é o seu conhecimento. Assim, a confiança total que o movimento da mente consciente ganhará uma resposta definitiva da mente subconsciente, que tem sabedoria ilimitada e poder infinito. Ao seguir este procedimento, as suas preces serão atendidas.

A TÉCNICA DA VISUALIZAÇÃO

A forma mais fácil e óbvia de formular uma ideia é visualizá-la e imaginá-la de modo vívido, como se fosse real. É possível ver a olho nu apenas o que já existe no mundo concreto. Da mesma forma, o que é possível visualizar mentalmente já existe nos reinos invisíveis do pensamento. As imagens que você tem em mente são a substância do que você espera que aconteça e as evidências do que não foi visto. O que você forma na imaginação é tão real quanto qualquer parte do seu corpo. A ideia e o pensamento são reais, e um dia vão aparecer no mundo objetivo, se você for fiel à sua imagem mental.

O processo de pensar faz com que impressões sejam criadas na mente, e essas impressões se manifestam em fatos e experiências em sua vida. Quem trabalha com construção visualiza o tipo de prédio desejado e depois o vê da forma desejada quando ele está finalizado. Essas imagens e processos de pensamento viram um molde a partir do qual o prédio irá surgir, seja ele belo ou feio, seja um arranha-céu ou com poucos andares. A imagem mental será projetada quando ganhar forma no papel. Com o tempo, os construtores reúnem os materiais necessários, e o prédio é construído até ser terminado, estando perfeitamente de acordo com os padrões mentais do arquiteto.

Eu utilizo a técnica de visualização antes de falar em público. Acalmo o pensamento, a fim de apresentar as minhas imagens mentais à mente subconsciente. Depois, imagino o auditório com os assentos ocupados por homens e mulheres iluminados, inspirados e com a presença infinita de cura dentro de cada um. Eu os vejo radiantes, felizes e livres.

Após criar a ideia na imaginação, eu a sustento tranquilamente como imagem mental enquanto imagino ouvir homens e mulheres dizendo: "Estou curado(a)", "Eu me sinto maravilhosamente bem", "Tive uma cura instantânea", "Estou transformado(a)". Faço isso por cerca de dez minutos ou mais, sabendo e sentindo que a mente e o corpo de cada pessoa estão saturados de amor, plenitude, beleza e perfeição. Minha consciência cresce tanto que chego ouvir as vozes na multidão proclamando a saúde e felicidade que sentem. Assim, libero toda a imagem e subo no palco. Quase todo domingo alguém diz que suas preces foram atendidas.

MÉTODO DO FILME MENTAL

Como dizem os chineses, "uma imagem vale mais que mil palavras". William, James, o pai da psicologia norte-americana, destacou que a mente subconsciente vai transformar em realidade qualquer imagem que seja mantida no pensamento e apoiada pela fé. Aja como se fosse e será.

Há alguns anos eu estava no meio-oeste dos Estados Unidos, palestrando em vários estados, e desejava estabelecer uma base permanente na região, onde pudesse atender quem precisasse de ajuda. Viajava muito, mas aquele desejo não saía da minha mente. Certa noite, em um hotel em Spokane, Washington, relaxei completamente em um sofá, foquei minha atenção e, de modo tranquilo e passivo, imaginei que estava falando com uma grande plateia: "Estou feliz por estar aqui. Rezei pela oportunidade ideal." Visualizei em minha mente a plateia imaginária e senti a realidade de toda a cena. Desempenhei o papel de ator, dramatizei o filme mental e me senti satisfeito por ter transmitido esta imagem para a minha mente subconsciente, que faria com que aquilo se tornasse realidade. Na manhã seguinte, ao acordar, tive uma grande sensação de paz e satisfação. Poucos dias depois, recebi um telegrama com um convite para que eu me encarregasse de uma organização no meio-oeste. Aceitei o trabalho e permaneci por muitos anos, para minha grande satisfação.

O método que explico a seguir trouxe grandes benefícios para muitos que o descreveram como "método do filme mental". Recebi inúmeras cartas de pessoas que ouvem meus programas de rádio e acompanham minhas palestras públicas contando os resultados maravilhosos que obtiveram usando essa técnica na venda do seu imóvel. Sugiro a quem está vendendo um imóvel ou um terreno que proceda à negociação na própria mente, sabendo que o preço está justo. Então, reivindico que a Inteligência Infinita atraia para essas pessoas um comprador que realmente deseja o imóvel, que vai ser feliz e prosperar nele. Em seguida, sugiro que os vendedores acalmem a mente, relaxem, deixem de pensar e entrem em um estado de vigília e sonolento, que reduz o esforço mental ao mínimo. Depois, devem imaginar o cheque nas mãos, ficar satisfeitos com o pagamento, agradecer e ir dormir, sentindo a naturalidade de todo o filme criado na mente. Devem agir como se fosse uma realidade objetiva: a mente consciente vai assumir isso como uma impressão e, através das correntes mentais profundas, o comprador e o vendedor vão se encontrar. A imagem mental guardada na mente vai acontecer, desde que seja apoiada pela fé.

A TÉCNICA DE BAUDOIN

Charles Baudoin era professor do Instituto Rousseau na França, psicoterapeuta brilhante e diretor de pesquisa da New Nancy School of Healing. Em 1910, ensinou que a melhor forma de impressionar a mente subconsciente era entrar em um estado grogue e sonolento, ou semelhante ao sono, no qual todos os esforços se reduzissem ao mínimo. Depois, em um ambiente calmo, passivo, receptivo e por meio da reflexão, Baudoin transmitiria a ideia ao subconsciente. A fórmula de Baudoin é a seguinte: "Uma forma muito simples de garantir isso (impregnar a mente subconsciente) é condensar a ideia que será objeto da sugestão, resumindo-a em uma frase breve, que possa ser gravada sem dificuldade na memória, e repeti-la continuamente, como se fosse uma canção de ninar."

Há alguns anos, uma jovem de Los Angeles estava envolvida em uma longa e amarga disputa judicial com a família, por conta de um testamento. O marido tinha deixado todo o patrimônio para ela, mas os filhos e filhas de um casamento anterior estavam brigando na justiça para anular o testamento. A técnica de Baudoin foi descrita para ela, que fez o seguinte: relaxou o corpo em uma poltrona, entrou em um estado sonolento e, conforme sugerido, condensou a ideia de sua necessidade em uma frase composta por cinco palavras, gravadas com facilidade na memória: "Será resolvido na Ordem Divina." Para a jovem, essas palavras queriam dizer que a Inteligência Infinita, operando nas leis de sua mente subconsciente, faria um acordo compatível utilizando o princípio da harmonia. Ela repetiu esse procedimento por dez noites. Assim que entrava em um estado sonolento, repetia de modo lento, calmo e emocional: "Será resolvido na Ordem Divina." Sentia-se então envolvida por uma paz interior e muita tranquilidade e logo entrava em seu sono profundo e normal.

Na manhã do décimo primeiro dia após o uso dessa técnica, ela acordou com uma sensação de bem-estar e a convicção de que estava resolvido. Seu advogado telefonou no mesmo dia, dizendo que o representante da outra parte tinha entrado em contato para dizer que seus clientes estavam dispostos a negociar. Um acordo harmonioso foi obtido, encerrando a disputa judicial.

A TÉCNICA DO SONO

Ao entrar em um estado sonolento, o esforço é reduzido ao mínimo. A mente consciente fica submersa quando se encontra em um estado sonolento. O motivo para isso é que o grau mais alto de afloramento do subconsciente ocorre antes de dormir e logo após o despertar. Nesse estado, os pensamentos negativos — que tendem a neutralizar o desejo e a impedir a aceitação dele pela mente subconsciente — não estão mais presentes.

Imagine que você queira se livrar de um hábito nocivo. Assuma uma postura confortável, relaxe o corpo e fique parado. Entre em um estado sonolento e diga com calma, várias vezes, como se fosse uma canção de ninar: "Estou totalmente livre deste hábito. A harmonia e a paz de espírito reinam supremas." Repita a frase por cinco ou dez minutos, devagar, com calma e de todo o coração, à noite ou de manhã. Toda vez que você repetir as palavras, o valor emocional aumenta. Quando vier o impulso de praticar o hábito negativo, repita a fórmula acima em voz alta. Assim, você induz o subconsciente a aceitar a ideia e a cura acontece.

A TÉCNICA DO "OBRIGADO"

Na Bíblia, Paulo recomenda que façamos nossos pedidos com louvor e agradecimento. Esse método simples de oração oferece alguns resultados extraordinários. O coração grato está sempre perto das forças criativas do universo, fazendo com que incontáveis bênçãos fluam pela lei da reciprocidade, com base na lei cósmica de ação e reação.

Por exemplo, um pai promete um carro de presente ao filho quando ele se formar. O garoto ainda não recebeu o carro, mas está muito grato e alegre, como se já tivesse recebido o presente. Ele sabe que o pai vai cumprir a promessa e está cheio de gratidão e alegria, mesmo ainda não tendo recebido o carro, objetivamente falando. Contudo, ele já recebeu o presente em sua mente.

Devo apontar o exemplo de como o Sr. Broke aplicou essa técnica e obteve excelentes resultados. Ele disse: "Estou desempregado, as dívidas estão se acumulado, tenho três filhos e estou sem dinheiro. O que devo fazer?" Com regularidade, em todas as noites e manhãs, por um período de aproximadamente três semanas, ele repetiu as palavras: "Obrigado, Pai, pela minha riqueza", de modo tranquilo e pacífico, até a sensação ou o estado de espírito de gratidão dominar a mente. Imaginou que estava abordando o poder infinito e a inteligência dentro de si, mesmo sabendo, claro, que não podia ver essa inteligência criativa ou a mente infinita. O Sr. Broke estava vendo com o olhar interior da percepção espiritual, percebendo que sua imagem-pensamento da riqueza era a primeira causa relacionada ao dinheiro e posição de que precisava. O pensamento e o sentimento eram a substância da riqueza, livre de quaisquer condições prévias. Ao repetir "Obrigado, Pai" diversas vezes, a mente e o coração do Sr. Broke foram elevados ao ponto da aceitação. Quando o medo, os pensamentos de escassez, pobreza e angústia vinham à sua mente, ele dizia "Obrigado, Pai" quantas vezes fossem necessárias, pois sabia que, enquanto mantivesse uma atitude de gratidão, recondicionaria sua mente para a ideia de riqueza. E foi o que aconteceu.

Os resultados da prece do Sr. Broke foram muito interessantes. Após rezar da forma mencionada, ele esbarrou na rua com um antigo chefe, que não via há vinte anos. O homem ofereceu um emprego muito lucrativo e adiantou um empréstimo de US$ 500. Hoje, o Sr. Broke é vice-presidente da empresa em que trabalha. Em conversa recente, ele comentou comigo: "Nunca esquecerei o 'Obrigado, Pai'. Fez maravilhas por mim."

O MÉTODO AFIRMATIVO

A eficácia de uma afirmação é determinada em boa parte pela sua compreensão da verdade e pelo significado das palavras. "E, orando, não useis de vãs repetições." (Mateus 6:7). Portanto, o poder da afirmação está na aplicação inteligente de positivos nítidos e específicos. Por exemplo, um garoto soma três mais três e escreve sete no quadro-negro. O professor afirma com certeza matemática que a soma de três mais três é igual a seis, levando o garoto a alterar os números de sua conta. A afirmação do professor não fez três mais três ser igual a seis, pois isso já era uma verdade matemática. A verdade matemática fez o garoto alterar os números no quadro-negro. Não é normal estar doente: normal é estar saudável. A saúde é a verdade do ser. Quando você afirma saúde, harmonia e paz para si mesmo ou para outra pessoa, quando percebe que esses são os princípios universais do ser, você vai reorganizar os padrões negativos da mente subconsciente com base em sua fé e na compreensão do que você afirma.

O resultado do processo afirmativo de prece requer que você obedeça aos princípios da vida, independente das aparências. Pense por um instante que existe um princípio do acerto e não do erro; da verdade, mas não da mentira. Existe um princípio da inteligência, mas não da ignorância; da harmonia e não da desarmonia. Existe um princípio da saúde, mas não da doença; da riqueza, mas não da pobreza.

Técnicas práticas de cura mental

Utilizei o método afirmativo a pedido da minha irmã que, após a realização de exames e raios X, foi diagnosticada com cálculos biliares e passaria por uma operação em um hospital na Inglaterra. Minha irmã me pediu para rezar por ela. Estávamos separados por 10 mil quilômetros, mas não há tempo ou espaço no princípio mental. A mente ou a inteligência infinita está completamente presente em toda a parte ao mesmo tempo. Afastei completamente todos os pensamentos da contemplação dos sintomas físicos e da personalidade. Depois, afirmei o seguinte: "Esta prece é para minha irmã Catherine. Ela está tranquila, em paz, equilibrada, serena e calma. A inteligência curativa da mente subconsciente, que criou o corpo dela, agora está transformando cada célula, nervo, tecido, músculo e osso de Catherine segundo o padrão perfeito de todos os órgãos na sua mente subconsciente. De modo tranquilo e calmo, todos os padrões de pensamentos distorcidos na mente subconsciente são removidos e dissolvidos, e a vitalidade, a plenitude e a beleza do princípio da vida agora se manifestam em cada átomo do ser da minha irmã. Ela agora está aberta e receptiva às correntes de cura, que estão fluindo através dela como um rio, restaurando a saúde perfeita, a harmonia e a paz. Todas as distorções e imagens ruins foram agora lavadas pelo oceano infinito de amor e paz que está fluindo através dela e assim será." Realizei essa prece várias vezes por dia e, ao fim de duas semanas, minha irmã fez um exame que apresentou um resultado de cura notável, a ponto de ela nem sequer precisar passar por cirurgia.

Afirmar é declarar que assim será e, enquanto você mantiver essa atitude mental verdadeira, vai receber uma resposta à sua prece, apesar de todas as provas em contrário. Aliás, o seu pensamento pode apenas afirmar, na medida em que, mesmo se você negar algo, estará afirmando a existência daquilo que nega. Repetir uma afirmação, sabendo o que está dizendo e por que está dizendo, leva a mente a um estado de consciência capaz de aceitar a sua afirmação como verdadeira. Continue afirmando as verdades da vida até obter a reação subconsciente satisfatória.

O MÉTODO ARGUMENTATIVO

O nome desse método é autoexplicativo. Ele se origina do procedimento do Dr. Phineas Parkhurst Quimby, pioneiro da cura mental e espiritual, que viveu e praticou medicina em Belfast, Maine, há cerca de cem anos. Seu livro, *The Quimby Manuscripts*, publicado em 1921, pela Thomas Y. Crowell Company, da cidade de Nova York, e fornece relatos retirados de jornal sobre os resultados notáveis no tratamento de doentes com orações. Quimby repetiu vários milagres de cura registrados na Bíblia. Para resumir, o método argumentativo empregado por Quimby consiste no raciocínio espiritual no qual você e o paciente se convencem de que a doença decorre de falsas crenças, medos infundados e padrões negativos arraigados na mente subconsciente. Você raciocina com clareza mental e convence o paciente de que a doença ou o mal-estar ocorre apenas devido a um padrão distorcido e tortuoso de pensamento, que tomou forma no corpo do paciente. Essa crença equivocada em algum poder externo e em causas externas agora se materializou em doença e pode ser mudada alterando os padrões de pensamento.

Você explica ao paciente que a base de toda cura está na mudança de crença, além de assinalar que a mente subconsciente criou o corpo e todos os órgãos, portanto sabe como proceder à cura e está fazendo isso naquele momento, durante a argumentação do especialista. Você alega para o tribunal da mente que a doença é uma sombra mental com base em imagens-pensamento mórbidas encharcadas de doença. Você continua acumulando todas as evidências em nome do poder curativo interior, que criou todos os órgãos e tem um padrão perfeito de cada célula, nervo e tecido dentro do corpo do paciente. Depois, você fornece um veredito no tribunal da mente a seu favor ou a favor do paciente. Você liberta o doente pela fé e compreensão espiritual. As suas evidências mentais e espirituais são avassaladoras. A mente é uma só e o que você sente como verdadeiro vai ressuscitar na experiência do paciente.

O MÉTODO ABSOLUTO É COMO A MODERNA TERAPIA COM ULTRASSOM

Muitas pessoas pelo mundo praticam esse tipo de tratamento de prece, com resultados maravilhosos. Ao usar o método absoluto, mencione o nome do paciente, como, por exemplo, John Jones. Em seguida, de modo calmo e silencioso, pense em Deus e Suas qualidades e atributos, como o fato de Deus ser todo júbilo, amor ilimitado, inteligência infinita, todo-poderoso, com sabedoria ilimitada, harmonia absoluta, beleza e perfeição indescritíveis. Enquanto pensa com tranquilidade nessas frases, a consciência se eleva a um novo patamar de onda espiritual, e você sente o oceano infinito do amor de Deus agora dissolvendo tudo o que for diferente Dele na mente e no corpo de John Jones, para quem você está rezando. Você sente que todo o poder e o amor de Deus estão agora concentrados em John Jones e não importa o que esteja aborrecendo ou incomodando Jones, agora estará completamente neutralizado na presença desse oceano infinito de vida e amor.

O método absoluto de prece pode ser comparado ao ultrassom terapêutico, que conheci por intermédio de um ilustre médico de Los Angeles. Ele tem uma máquina de ondas ultrassônicas que oscilam a uma velocidade incrível, enviando ondas sonoras a qualquer área do corpo para a qual é direcionada. Essas ondas sonoras podem ser controladas, e ele me disse que conseguia obter resultados consideráveis dissolvendo depósitos calcários relacionados à artrite, além de curar e remover outras condições incômodas.

À medida que aumentamos a consciência contemplando as qualidades e os atributos de Deus, geramos ondas eletrônicas espirituais de harmonia, saúde e paz. Muitas curas notáveis seguem essa técnica de prece.

A PARALÍTICA ANDA

O Dr. Phineas Parkhurst Quimby, já mencionado neste capítulo, usou o método absoluto nos últimos anos de sua carreira de cura. Pai da medicina psicossomática, ele foi o primeiro psicanalista e tinha a capacidade de diagnosticar de modo clarividente a causa dos problemas, de dores e de aflições do paciente.

Registrado no livro *The Quimby Manuscripts*, o texto a seguir é um relato condensado da cura de uma paralítica:

Quimby foi chamado para consultar uma idosa que era manca e estava de cama. Ele declarou que o sofrimento ocorria porque a senhora estava aprisionada por um credo pequeno e restrito de imaginar que não conseguia ficar em pé e se mover. A idosa estava vivendo sob influência do medo e da ignorância. Além disso, estava interpretando a Bíblia literalmente, o que a assustava. "Sob essa influência", disse Quimby, "estavam a presença e a força de Deus tentando romper as ataduras, quebrar os grilhões e se levantar do mundo dos mortos." Quando ela pedia explicação aos outros sobre alguma passagem bíblica, a resposta era pouco produtiva, o que a deixava com fome do pão da vida. O Dr. Quimby diagnosticou a idosa como um caso de mente enevoada e estagnada, por conta da excitação e do medo causados pela incapacidade de ver com clareza o sentido da passagem bíblica que lia. Isso se externava no corpo pela sensação pesada e letárgica que acabou em paralisia.

A essa altura, Quimby perguntou à idosa o que os seguintes versículos bíblicos significavam: "Ainda um pouco de tempo estou convosco, e depois vou para aquele que me enviou. Vós me buscareis, e não me achareis; e onde eu estou, vós não podeis vir." (João 7:33, 34). Segundo ela, significam que Jesus foi para o paraíso. Quimby explicou o verdadeiro sentido, dizendo que estar com ela um pouco de tempo significava a explicação dos sintomas e dos sentimentos dela, bem como de suas causas. Em outras palavras, ele tinha compaixão e empatia por ela naquele momento, mas ela não podia ficar naquele estado mental. A próxima etapa era ir até o Criador, o que Quimby chamou de poder criativo de Deus em todos nós. Quimby imediatamente viajou em sua mente e contemplou o ideal divino, isto é, a vitalidade, a inteligência, a harmonia e o poder de Deus atuando na doente idosa. Por isso, ele disse à mulher: "Onde eu estou, vós não podeis vir, pois você está em sua crença restrita e estreita e eu estou na saúde." Essa prece e a explicação produziram uma sensação instantânea, gerando uma mudança na mente da idosa. Ela andou sem as muletas! Quimby disse que foi uma das mais singulares entre todas as suas curas. A idosa estava naquele momento mortalmente enganada e trazê-la de volta à vida ou à verdade a levantou dos mortos. Quimby citou a ressurreição de Cristo e a aplicou ao próprio Cristo ou saúde dela, produzindo um forte efeito na mulher. Ele também explicou que a verdade, agora aceita por ela, era o anjo ou a ideia que rolou a pedra do medo para longe, junto com a ignorância e a superstição, liberando o poder curativo de Deus que a fez plena.

O MÉTODO DO DECRETO

Nossa palavra ganha poder de acordo com o sentimento e a fé que estão por trás dela. Quando percebemos o poder que move o mundo agindo a nosso favor e apoiando a nossa palavra, há um crescimento da confiança e da segurança. Não se tenta adicionar poder ao poder, portanto não deve haver qualquer esforço, coerção, força ou luta mental.

Uma moça usou o método do decreto em um rapaz que telefonava com insistência, pressionando para ter um encontro e chegando a procurá-la no trabalho. Como estava achando muito difícil se livrar do assédio, ela decretou o seguinte: "Entrego nas mãos de Deus. Ele está em seu lugar verdadeiro o tempo todo. Eu sou livre e ele é livre. Agora decreto que minhas palavras saiam para a mente infinita, que vai torná-las realidade. Que assim seja."

Liberte o poder do seu subconsciente

A moça disse que o assediador desapareceu e nunca mais foi visto desde então, acrescentando: "Foi como ele tivesse sido engolido pelo chão."

"Determinarás tu algum negócio, e ser-te-á firme, e a luz brilhará em teus caminhos." (Jó 22:28).

RESUMO
SIRVA-SE COM A VERDADE CIENTÍFICA

Seja um engenheiro mental e use técnicas testadas e aprovadas para criar uma vida melhor e mais grandiosa. O seu desejo é a sua prece. Imagine a realização do seu desejo agora, sinta a realidade dele e você vai vivenciar a alegria da prece atendida.

Deseje conquistar objetivos do jeito fácil, com a ajuda certa da ciência mental.

Você pode criar saúde radiante, sucesso e felicidade com o que pensa no estúdio oculto da mente.

Experimente de maneira científica até provar, pessoalmente, que sempre existe uma resposta direta dada pela inteligência infinita da sua mente subconsciente ao seu pensamento consciente.

Sinta a alegria e a tranquilidade ao prever a realização certa do seu desejo. Toda imagem que você carrega na mente é a substância do que se espera e a evidência do que não é visto.

Uma imagem mental vale mais do que mil palavras. O seu subconsciente vai transformar em realidade qualquer imagem guardada na mente e apoiada pela fé.

Evite qualquer esforço ou coerção mental na prece. Entre em um estado sonolento e repita seu desejo como uma cantiga de ninar, sentindo e sabendo que a sua prece será atendida.

Lembre-se de que um coração repleto de gratidão está sempre perto das riquezas do universo.

Técnicas práticas de cura mental

Afirmar é dizer que será. Enquanto você mantiver essa atitude mental como verdadeira, apesar de todas as provas contrárias, vai receber uma resposta para a sua prece.

Gere ondas eletrônicas de harmonia, saúde e paz pensando no amor e na glória de Deus.

O que você decreta e sente como verdadeiro vai acontecer. Decrete harmonia, saúde, paz e abundância.

CAPÍTULO 3

O domínio do medo

> "O Senhor é a minha luz e a minha salvação;
> a quem temerei? O Senhor é a força da minha vida;
> de quem me recearei?" (Salmos 27:1)

> "Porque no dia da adversidade me esconderá no seu
> pavilhão; no oculto do seu tabernáculo me esconderá;
> pôr-me-á sobre uma rocha." (Salmos 27:5)

QUEM É O SEU Senhor e mestre neste exato momento? O seu Senhor é a atitude mental predominante em você, é a convicção ou a crença sobre si mesmo, sobre as pessoas e os objetos. Esse Senhor pode ser um tirano. Por exemplo, se o seu estado de espírito agora é de ressentimento, esse é o seu Senhor ou tirano que governa todas as suas ações e fases da vida. Se você quiser investir algum dinheiro, comprar uma nova casa ou terreno enquanto mantiver essa atitude, vai fazer e dizer algo errado porque o seu estado de espírito proeminente será negativo. A lei é: "Do mesmo modo que é internamente, será externamente." Você teme o seu bem e reage de modo negativo. O medo é a falta de fé ou confiança em Deus, negando a Onipotência Dele.

"O Senhor é a minha luz e a minha salvação." O Senhor a quem essa frase se refere é o Senhor Deus ou a lei de Deus ou o bem. Para colocar a lei do bem em operação e consequentemente banir o medo de uma vez por todas, cultive na mente os pensamentos de força, coragem e confiança. Esses pensamentos vão gerar um estado de espírito ou uma sensação correspondente, que vai banir o arqui-inimigo do sucesso e da saúde.

O medo, esse inimigo que você mesmo construiu, deve ser completamente destruído, antes que o Senhor Deus possa brilhar em você. O medo é a nuvem que oculta a luz solar de Deus. A humanidade criou demônios pessoais por medo do passado, do presente e do futuro.

Nossa atitude em relação à vida determina as experiências que vamos vivenciar. Se esperarmos infortúnios, teremos infortúnios. Conhecendo a lei de Deus ou o bem, o conhecedor da verdade vai esperar apenas a boa fortuna. O mundo não é hostil. Pode até parecer, pois não conseguimos afirmar ou reivindicar a Presença de Deus. Alguns temem tanto as críticas que muitos de seus pensamentos mais belos não chegam a ver a luz do dia. Para quem acredita que Deus é a única Presença e Força, não há passado. Essas pessoas sabem que, se acreditarem no poder do passado, estarão duvidando de Deus. Deus é o Eterno Agora. Não há futuro e nem passado em Deus.

Tal é o Evangelho, a boa-nova. Não existe carma passado, há apenas uma falsa crença nele. O presente é a Salvação! O Reino dos Céus está próximo.

Você é bom, sua saúde e seu sucesso estão ao seu redor. Sinta a realidade deles, fique empolgado. Acredite que você é agora o ser que deseja. A única culpa existente é a consciência da culpa. "Ainda que os vossos pecados sejam como a escarlata, eles se tornarão brancos como a neve; ainda que sejam vermelhos como o carmesim, se tornarão como a branca lã." (Isaías 1:18). Essa é a boa-nova. O único momento que importa de verdade é o presente. Você pode viver apenas no agora: vivenciando, planejando e pensando no agora. Não importa o que esteja planejando ou temendo,

O domínio de medo

está planejando agora. Quando você perceber que toda forma de escassez e limitação é resultado de pensamentos e sentimentos equivocados, conhecerá a Verdade que trará a libertação. As montanhas serão removidas.

As tribos aborígenes e os povos primitivos temiam a natureza. A civilização moderna teme as demais pessoas. Dissipamos quase todos os fantasmas dos dias antigos. Combatemos as pestes e logo controlaremos a natureza. Somos dopados pela propaganda moderna. Alguns de nós têm medo de falar em público, outros de viver. As mães temem pelos filhos. Tudo isso decorre da crença supersticiosa de que existe outro poder para desafiar Deus.

O único mal existe em razão da falta de conhecimento sobre as leis da vida. Se colocarmos a mão em um fio desencapado, levaremos um choque. Porém, se o fio estiver adequadamente isolado, isso não ocorre. O mal ou choque foi causado pela ignorância, até porque todo homem admite que a eletricidade é algo bom, que abençoa a humanidade de inúmeras maneiras. A eletricidade possibilita que o ser humano ouça música, mova trens, frite ovos, passe o aspirador de pó no chão e ilumine o mundo. O mal ou medo é a nossa aplicação equivocada e a compreensão incompleta da Onipresença de Deus ou do bem. Onde há medo, o amor não pode estar, pois o engano não perde tempo com a compreensão.

Os ricos temem perder, os pobres temem não ganhar. A riqueza e a segurança se encontram apenas na consciência que habitamos. Se tivermos a consciência da riqueza, nada no mundo poderá nos impedir de prosperar em nosso corpo e com nossos negócios. O que o homem teme não é real. Apenas o Uno é real, apenas o Uno é a Lei, apenas o Uno é a Verdade.

O curandeiro dos tempos antigos transmitiu de geração em geração uma série de superstições e, por isso, inúmeros cultos de hoje instilam o medo na mente de vários indivíduos. É preciso encarar os fatos. A causa da maior parte dos medos é o nosso medo do outro. Muitas pessoas rezam juntas no domingo e trocam farpas na segunda.

A resposta ao problema do medo é a compreensão. Todo medo existe em decorrência da ignorância. Para expressar harmonia, devemos pensar e sentir pensamentos harmoniosos. Quando entrarmos no estado de espírito do sucesso, da confiança e da felicidade, expressaremos resultados similares em todas as etapas da vida. Quando soubermos que todas as formas de discórdia, doença e escassez existem por conta de pensamentos equivocados, conheceremos a Verdade que nos libertará.

Aprenda a imaginar o que deseja e sentir a realidade do que busca. Essa é a forma mais fácil e rápida de obter resultados. Alguns obtêm resultados se convencendo da Verdade: que Deus é a única Presença e o único Poder. Essa é uma das descobertas mais maravilhosas do mundo.

Independente da causa do medo, não há a quem tratar ou curar exceto a si mesmo. Você precisa se convencer de que neste momento está expressando a Vida, o Amor e a Verdade. Não vamos temer nada ou ninguém, vamos irradiar coragem, confiança e força. Assim, superaremos todos os obstáculos no caminho e as montanhas serão jogadas ao mar.

Somos unidos ao Poder Infinito. Se dissermos que estamos fracos ou doentes, estaremos falando uma mentira sobre Deus. O medo afasta de nós o amor de Deus ou o bem, da mesma forma que a consciência da pobreza atrai a pobreza em termos de saúde, dinheiro, negócios e relacionamentos amorosos. Devemos parar de pregar o medo e nos unir no ensinamento de toda a Verdade.

A verdade é que não existe inferno, demônio, purgatório, limbo ou danação de qualquer tipo. Também não há carma passado a ser expiado no presente e não há mal futuro. Deus é o Eterno Agora! Essa é uma das afirmações mais drásticas e significativas em toda a Bíblia: "Eis aqui agora o dia da salvação." Neste momento, tudo o que você precisa fazer é voltar-se para Deus e reivindicar para si o que deseja ser. Aceite, acredite e siga seu caminho com alegria. "Ainda que os vossos pecados sejam como a escarlata, eles se tornarão brancos como a neve." "Perdoai até setenta vezes sete." "Hoje estarás comigo no paraíso."

O domínio de medo

Vamos parar de instilar o medo na mente dos jovens e ensiná-los os fatos. Não adianta pregar tolerância religiosa, se não a praticamos. Devemos ensinar a Verdade. Não devemos distorcer a Verdade para ganharmos uma adesão ou porque temos medo de que as pessoas não retornem. Esse tipo de medo resulta em estagnação espiritual e frustração. Devemos ficar de olho no Reino dos Céus, não no reino da Terra. Devemos ensinar a conhecer a Verdade que nos libertará.

Não há medo onde a fé em Deus reina. Não há medo onde a integridade reina na consciência de um indivíduo. Não há medo de críticas onde a consciência da bondade entra na mente. A religião é a boa vontade em ação ou a aplicação da Regra de Ouro. Vemos, portanto, que o medo é a nossa fraqueza básica e se baseia apenas na ignorância.

"Porque no dia da adversidade me esconderá no seu pavilhão; no oculto do seu tabernáculo me esconderá; pôr-me-á sobre uma rocha." (Salmos 27:5). O pavilhão é um teto ou uma cobertura, o que significa que a cobertura deverá ser a veste de Deus (o estado de espírito do bem). Pense em Deus e comece a se perguntar: "O que Deus significa para mim?" Perceba que Deus ou "Eu Sou" é a Vida em você, a sua consciência, e Ele é Onipotente.

Por exemplo, a maioria dos presos deseja naturalmente a liberdade. Deus e o bem são sinônimos. Eles começam a pensar nesse Poder e nessa Sabedoria Infinitos dentro de si e sabem que há formas de libertação que desconhecem e, por isso, imaginam o oposto, que é a liberdade. Embora estejam atrás das grades, na meditação imaginam estar em casa falando com seus entes queridos. Também ouvem vozes familiares e sentem os beijos de boas-vindas dos filhos. Isso é se esconder no pavilhão. Esses presos atualizam seu estado sentindo a alegria de estar em casa. Em cinco ou dez minutos, é possível elevar a consciência o suficiente para visualizar uma convicção subjetiva. Isso é o significado de "no oculto do seu tabernáculo me esconderá". A lei é: o que estiver enfatizado será expresso e, por consequência, as portas da prisão estarão abertas de maneiras que ele desconhece. "Meus caminhos são inescrutáveis."

Lemos nas Escrituras: "Não temais, ó pequeno rebanho, porque a vosso Pai agradou dar-vos o reino." (Lucas 12:32). Jesus diz que este Reino está dentro de nós. O Reino dos Céus ou harmonia está em cada um de nós. A Sabedoria Infinita, a Inteligência Divina e o Poder Infinito estão disponíveis para todos, porque Deus está em todos e Ele é a própria Vida. Qualquer pessoa pode comprovar que o Reino dos Céus está próximo, aqui e agora. Jesus viu e viveu nesse reino, mas somos daltônicos e por isso não conseguimos vê-lo. Essa cegueira é causada pela ignorância e pelo medo. Séculos de falsas crenças, superstições, credos e dogmas nos cegaram. A Verdade está tão encoberta por falsos dogmas que criamos Deus e um paraíso por conta própria. Deus é para nós o que acreditamos que Ele seja. Inventamos uma criatura severa nos céus, visualizamos um Deus caprichoso e vingativo ou um ser inescrutável que está por trás de guerras, pestes etc. Criamos nossas versões do inferno e do paraíso com base em nosso conceito de Deus. Qualquer um pode comprovar que o Reino dos Céus está próximo.

Gostaria de contar para vocês a história de uma jovem que fez essa comprovação. Ela morava com o pai, que voltava bêbado para casa toda noite e às vezes batia na filha. Essa jovem vivia com medo do pai e mantinha a casa arrumada para ele. Devido à frustração, o rosto da jovem estava coberto de acne.

Nós não convivemos com pessoas, convivemos com o conceito que fazemos delas. Percebendo essa verdade, a garota fechou os olhos em meditação e se concentrou no Poder de Deus que havia nela. A jovem não vislumbrou mais o pai nos trajes ou com o estado de espírito de um bêbado, preferindo visualizar na mente um pai gentil e carinhoso, em perfeito equilíbrio, com estabilidade e segurança. Ela o vestiu de virtude, e seu julgamento era "manto e diadema", o que significa que via o pai como ele deveria ser. O fato de o pai estar bebendo muito significava uma fuga para disfarçar um complexo de inferioridade ou uma sensação subjetiva de perda. Em outras palavras, ele estava tentando fugir de si mesmo.

O domínio de medo

A garota falou a palavra que o curou. Ela relaxou todo o corpo, fechou os olhos e começou a dizer para si mesma: "Como eu me sentiria se meu pai fosse carinhoso, gentil e calmo?" Ela se concentrou na solução, que gerou um estado de espírito de paz, confiança e alegria dentro dela. Isso era vesti-lo com a virtude. O julgamento dela era "manto e diadema".

Quando você julga, chega a uma decisão. No veredito final, você é o juiz: "Como ouço, assim julgo." O veredito foi algo ouvido ou sentido internamente: ela visualizou o pai sorrindo, feliz e contente. A moça imaginou seu pai dizendo para ela o quanto se sentia maravilhosamente bem e como tinha encontrado a paz, o equilíbrio e a segurança. Também o ouviu dizer o quanto ela era maravilhosa. A jovem ficou emocionada porque o pai estava curado e pleno. "Ele usava uma túnica sem costura", ou seja, sem buracos e remendos. Isso significa que ela meditou o estado do espírito do amor, paz e união com o seu ideal. Todas as dúvidas e medos estão ausentes (o julgamento é o manto). "Julgamento como o diadema" significa que ela deu "glória em vez de cinza", ou seja, viu e sentiu beleza no pai. A beleza foi expressa na trama do espaço.

Após uma semana de tratamento, o pai estava totalmente curado. Além disso, era um novo homem. Ele mudou completamente de atitude e hoje pai e filha sentem afeto um pelo outro. Ela comprovou que o Reino dos Céus (harmonia e paz) está próximo AGORA. Do que temos medo? "Se Deus é por nós, quem será contra nós?" O que você teme não existe.

Outro exemplo: imaginemos um homem que vive com medo de sua empresa fracassar. A empresa não está fracassando e ele não está falido. Os negócios correm com normalidade e talvez até estejam melhorando. O fracasso só existe na mente do empresário. Jó disse: "Porque aquilo que temia me sobreveio." (Jó 3:25). Jó é todo homem que anda sobre a Terra. Assim, enquanto o empresário bem-sucedido sustentar o estado de espírito do fracasso, cedo ou tarde isso acabará se cristalizando em uma convicção ou em uma impressão subjetiva.

Qualquer sentimento impresso na mente subconsciente se manifesta na lei imutável da vida. O subconsciente, por ser impessoal e não respeitar pessoas, diz: "John quer fracassar em sua empresa" e age de maneiras desconhecidas por John para fazer com que o fracasso aconteça. Todos percebem que John criou o próprio fracasso através da imaginação e do sentimento.

Conheci uma moça que certa vez leu sobre um desastre aéreo. Ela cogitava viajar de avião a Los Angeles, mas vivia com medo de um acidente. Um pensamento negativo não pode fazer mal algum, exceto se for energizado por uma carga de medo. Ele deve ser transformado em emoção antes de virar algo subjetivo. Essa moça não sabia o que estava fazendo, pois ignorava as leis da vida. A ignorância é a causa de todos os nossos acidentes e infortúnios. Tendo se imaginado em um acidente de avião e transformado esse pensamento negativo em emoção na forma de medo, ele virou um estado subjetivo. Quando ela viajou dois meses depois, sofreu o acidente que tanto imaginou.

Se uma mulher teme que o marido vai abandoná-la, precisa dominar o estado de espírito da seguinte forma. O medo é uma sensação negativa que será comunicada para o marido. Se o ser amado não conhece as leis da vida, a convicção da esposa em relação a ele se manifestará. Em outras palavras, o marido vai fazer o que ela temia, pois esta era a convicção em relação a ele. Para suplantar esse medo, ela deve imaginar o ser amado irradiando paz, saúde e felicidade. Na meditação da manhã e da noite, ela irradia o estado de espírito do amor e da paz e sente que o seu marido é a pessoa mais maravilhosa do mundo: carinhoso, gentil e dedicado. A esposa imagina o ser amado elogiando as qualidades e as virtudes que você tem e afirmando o quanto está feliz, livre e equilibrado ao seu lado. O estado de espírito do medo se transformou em um estado de amor e paz. Esse é o Espírito de Deus se movendo em seu nome. À medida que a esposa continua fazendo isso, esse estado de espírito toma forma em sua mente, que agora sabe: "meu companheiro nunca falta" e "o perfeito amor lança fora o temor."

A nossa prece diária ou o estado de espírito diário deve ser de expectativa jubilosa, uma expectativa confiante em tudo de bom. Essa é a nossa maior prece. Se esperarmos o melhor, o melhor virá. O nosso estado de espírito é vital.

A metafísica moderna ensina nos dias de hoje que Deus é o princípio da vida dentro do homem. Se você se sente cheio de confiança e segurança, esse é o movimento do Espírito de Deus em você e Ele é todo-poderoso. "Não há quem possa estorvar a sua mão, e lhe diga: Que fazes?" (Daniel 4:35). A nossa consciência é Deus, não há outro Deus. Consciência significa existência, vida e percepção.

Você, leitor, sabe que existe. Esse conhecimento da sua existência é Deus. Aquilo de que você tem ciência é o seu conceito de Deus. É preciso se perguntar: "Do que tenho medo?" A resposta para essa pergunta é a sua crença sobre Deus e o que você sabe sobre Deus. Quando você diz: "Tenho consciência do querer, tenho medo, estou doente", isso é mentira e não há verdade nessas afirmações. Quando você diz: "Tenho medo", afirma que Deus está cheio de medo, o que é absurdo. Quando você diz: "Eu quero", está dizendo uma mentira e negando a abundância e o suprimento infinito de Deus. A sua fé está focada no fracasso, o que resulta em fracasso. Você acredita em uma mentira, mas não pode comprová-la. A condição falsa só parece real porque você está focado nela. Quando parar de acreditar nessa condição falsa, estará livre e curado.

CAPÍTULO 4

O seu direito de ser rico

VOCÊ TEM O DIREITO de ser rico. Você está aqui para levar uma vida abundante e para ser feliz, radiante e livre. Por isso, você deve ter todo o dinheiro necessário para levar uma vida plena, alegre e próspera. Você está na vida para crescer e se expandir e se desenvolver no âmbito espiritual, mental e material. Você tem o direito inalienável de se desenvolver totalmente e se expressar de todas as formas. Você deve se cercar de beleza e luxo.

Por que se contentar apenas com o básico para viver quando você pode apreciar as riquezas da mente subconsciente? Neste capítulo, você aprenderá a fazer amizade com o dinheiro e sempre ter uma quantia sobrando. O seu desejo de ser rico é o desejo por uma vida mais plena, feliz e maravilhosa. É uma urgência cósmica. Não é apenas algo bom, é ótimo.

O DINHEIRO É UM SÍMBOLO

O dinheiro é um símbolo de troca e significa não só a liberdade do querer, como também beleza, luxo, abundância e refinamento. Ele é apenas um símbolo da saúde econômica de uma nação. Quando o seu sangue está circulando sem dificuldade pelo corpo, você está saudável. Quando o dinheiro circula sem dificuldade por sua vida, você está economicamente saudável. Quando as pessoas começam a acumular dinheiro, a guardá-lo em cofres e a ficar cheias de medo, há doença econômica. O dinheiro assumiu várias formas como meio de troca ao longo dos séculos, entre elas sal, especiarias e todo tipo de joias. Antigamente, era a quantidade de ovelhas e bois de um homem que determinava sua riqueza. Hoje, usamos cédulas, cartões e outros instrumentos negociáveis, pois é muito mais conveniente fazer um cheque do que carregar ovelhas para pagar contas.

COMO PERCORRER A ESTRADA REAL PARA A RIQUEZA

O conhecimento dos poderes da mente subconsciente é o meio de alcançar a estrada real para qualquer riqueza, seja espiritual, mental ou financeira. Os estudiosos das leis da mente acreditam e sabem que não importam as variações no mercado de ações, a situação econômica, a recessão, as greves, as guerras, além de outras condições ou circunstâncias, eles sempre estarão muito bem supridos, independente da forma que o dinheiro assuma. O motivo para isso é que eles transmitiram a ideia de riqueza para a mente subconsciente, o que os mantém abastecidos onde quer que estejam. Eles se convenceram de que o dinheiro está sempre flutuando livremente na vida e sempre haverá um maravilhoso excedente. Se houver um colapso financeiro do governo amanhã e toda a moeda atual perder o valor, como aconteceu com o marco alemão após a Primeira Guerra Mundial, eles ainda atrairiam riqueza e estariam em boa situação, independente da forma que a nova moeda assumisse.

O seu direito de ser rico

POR QUE VOCÊ NÃO TEM MAIS DINHEIRO

Enquanto lê este capítulo, você provavelmente está pensando: "Eu mereço um salário maior do que ganho." Acredito que a maioria das pessoas seja remunerada de maneira incorreta. Um dos motivos que leva muita gente a não ter mais riqueza é o fato de que essas pessoas condenam o dinheiro, seja aberta ou silenciosamente. Elas se referem ao dinheiro como "vil metal" ou dizendo que "o dinheiro é a raiz de todo o mal". Outro motivo pelo qual elas não prosperam é o sentimento subconsciente e sorrateiro de que há alguma virtude na pobreza. Esse padrão subconsciente pode estar ligado a algo escutado na primeira infância, à superstição ou se basear em uma falsa interpretação das escrituras.

DINHEIRO E UMA VIDA EQUILIBRADA

Certa vez um homem me disse: "Estou quebrado. Não gosto de dinheiro. É a raiz de todo o mal." Afirmações como esta demonstram uma mente confusa e neurótica. Amar apenas o dinheiro e excluir o resto vai deixar você assimétrico e desequilibrado. Você está aqui para usar o seu poder ou sua autoridade com sabedoria. Algumas pessoas anseiam pelo poder, outras pelo dinheiro. Se você colocar o coração exclusivamente no dinheiro e disser: "Dinheiro é tudo o que eu quero. Vou focar apenas em acumular dinheiro, porque nada mais importa", poderá conseguir dinheiro e fazer fortuna, mas terá se esquecido de que está aqui para levar uma vida equilibrada. Você também deve satisfazer a fome de harmonia, amor, alegria, paz de espírito e saúde perfeita.

Ao fazer do dinheiro o seu único objetivo, você faz uma escolha errada. Você pensou que só queria aquilo, mas descobriu depois de todos os esforços que não precisava apenas do dinheiro. Também desejava demonstrar seus talentos ocultos, ocupar um lugar verdadeiro na vida, experimentar a beleza e a alegria de contribuir para o bem-estar e o sucesso dos outros. Ao aprender as leis da mente subconsciente, você pode conseguir até milhões de dólares, se quiser, e continuar tendo paz de espírito, harmonia, saúde e expressão perfeitas.

A POBREZA É UMA DOENÇA MENTAL

Não há virtude na pobreza, que é uma enfermidade como qualquer outra doença mental. Se você estiver fisicamente doente, vai pensar que há algo errado, procurar ajuda e tomar alguma atitude em relação à doença. Da mesma forma, se o dinheiro não circula com regularidade em sua vida, há algo radicalmente errado com você.

A ânsia do princípio da vida que existe em você segue na direção do crescimento, da expansão e da vida mais abundante. Você não está aqui para viver em um barraco, vestir-se com trapos e passar fome. Você deve ser feliz, próspero e bem-sucedido.

COMO TER A ATITUDE CERTA EM RELAÇÃO AO DINHEIRO

Limpe a mente de todas as crenças estranhas e supersticiosas sobre dinheiro. Jamais considere o dinheiro como algo mau ou sujo. Se fizer isso, o dinheiro vai criar asas e voar para longe do seu alcance.

Lembre-se de que você perde o que condena e não pode atrair o que critica. Apresento agora uma técnica simples que pode ser usada para multiplicar o dinheiro em sua experiência. Repita as seguintes afirmações várias vezes ao dia: "Eu gosto de dinheiro, amo e utilizo o dinheiro com sabedoria, de modo construtivo e com prudência. O dinheiro está constantemente circulando na minha vida. Eu me desfaço dele com alegria e ele volta multiplicado de um jeito maravilhoso. Isso é bom. É ótimo. O dinheiro flui para mim em avalanches de abundância. Eu o utilizo apenas para o bem e sou grato pelo meu bem e pelas riquezas da minha mente."

O seu direito de ser rico

COMO VER O DINHEIRO DE MANEIRA CIENTÍFICA

Imagine que você encontrou ouro, prata, chumbo, cobre ou ferro no chão. Você consideraria esses elementos nocivos? Todo o mal vem da nossa compreensão desinformada, da ignorância, da falsa interpretação da vida e do uso incorreto da mente subconsciente. O urânio, o chumbo ou qualquer outro metal poderia ter sido usado como meio de troca, mas o ser humano utiliza cheque, notas, moedas e cartões. Claro que nada disso é nocivo. Os físicos e químicos sabem hoje que a única diferença entre um metal e o outro é a quantidade e a taxa de movimento dos elétrons girando em torno de um núcleo central. Eles podem transformar um metal em outro bombardeando átomos no poderoso cíclotron. Em certas condições, o ouro vira mercúrio. Acredito que os cientistas modernos serão capazes de criar ouro, prata e outros metais sinteticamente no laboratório em um futuro próximo. O custo pode ser proibitivo agora, mas se trata de algo possível. Não consigo imaginar uma pessoa inteligente vendo algo de nocivo em elétrons, nêutrons, prótons e isótopos.

O pedaço de papel em seu bolso é composto por átomos e moléculas, com os respectivos elétrons e prótons arrumados de modo diferente. A quantidade e a taxa de movimento são diferentes. Essa é a única forma pela qual o papel difere da prata que está em seu bolso.

COMO ATRAIR O DINHEIRO DE QUE VOCÊ PRECISA

Há muito tempo conheci um jovem na Austrália que queria ser médico e cirurgião, mas não tinha dinheiro. Expliquei para ele como uma semente no solo atrai tudo que é necessário para desabrochar e como era preciso aprender uma lição com a semente, depositando a ideia desejada na mente subconsciente. Para pagar as contas, esse jovem brilhante costumava limpar os consultórios dos médicos, lavar janelas e fazer pequenos consertos. Ele me disse que toda noite, quando ia dormir, imaginava um diploma de medicina na parede, com seu nome escrito em letras garrafais e em negrito. Como o rapaz costumava limpar e lustrar os diplomas emoldurados no complexo médico em que trabalhava, não foi difícil gravar a imagem de um diploma na mente e desenvolvê-la ali. Resultados claros apareceram quando ele persistiu com essa imagem mental todas as noites por uns quatro meses.

A continuação da história é bem interessante. Um dos médicos gostou muito do jovem e, depois de ensiná-lo a esterilizar instrumentos, dar injeções hipodérmicas e realizar outros trabalhos diversos de primeiros socorros, contratou o rapaz como auxiliar técnico no consultório e depois pagou a faculdade de Medicina para ele. Hoje, esse jovem é um médico de destaque em Montreal, Canadá. Ele descobriu a lei da atração e usou a mente subconsciente do jeito certo. O rapaz operou uma lei antiga, que diz: "Ao ver o fim, você deseja os meios para a realização desse fim." O fim, nesse caso, era ser médico.

O rapaz conseguiu imaginar, ver e sentir a realidade de ser médico. Ele viveu sustentando, nutrindo e acalentando essa ideia, até que ela penetrou as camadas da mente subconsciente através da imaginação e se transformou em uma convicção, atraindo para ele tudo o que era necessário para a realização daquele sonho.

POR QUE ALGUMAS PESSOAS NÃO RECEBEM AUMENTO DE SALÁRIO

Se você trabalha em uma grande companhia e pensa que ganha pouco, ressente-se por não ser valorizado e acredita que merece mais dinheiro e reconhecimento, você está prejudicando subconscientemente os laços que tem com essa empresa. Você está colocando uma lei em movimento, e o superintendente ou o gerente vai acabar dizendo: "Precisamos mandá-lo embora." Na verdade, você se demitiu. O gerente foi apenas o instrumento pelo qual o seu estado mental negativo foi confirmado. Isso foi um exemplo da lei da ação e reação. A ação foi o pensamento e a reação foi a resposta da mente subconsciente.

OBSTÁCULOS E IMPEDIMENTOS NO CAMINHO PARA A RIQUEZA

Tenho certeza de que você já ouviu pessoas dizendo: "Esse cara tem algum esquema", "É um mafioso", "Está ganhando dinheiro desonestamente", "É um impostor", "Quando o conheci ele não tinha nada", "Ele é um patife, um ladrão, um vigarista."

Se você analisar quem fala assim, vai descobrir que essas pessoas normalmente estão desejando algo ou sofrem de alguma doença financeira ou física. Talvez antigos colegas de faculdade tenham subido na vida e se dado melhor do que elas. Agora, são pessoas amargas que invejam o sucesso alheio. Em várias instâncias, essa é a causa da queda. Pensar negativamente sobre os colegas de turma, condenando a riqueza deles faz com que a própria riqueza e a própria prosperidade pelas quais essas pessoas tanto rezam acabem desaparecendo para bem longe delas.

Elas estão rezando de duas formas. Por um lado, dizem: "A riqueza está fluindo para mim agora." Por outro, em silêncio ou em voz alta, falam: "Eu me sinto mal pela riqueza deste colega." Faça sempre questão de se alegrar com a riqueza alheia.

PROTEJA SEUS INVESTIMENTOS

Se você procura sabedoria em relação a investimentos ou está preocupado com suas ações ou títulos, reivindique com calma: "A inteligência infinita governa e toma conta de todas as minhas transações financeiras e vou prosperar independente do que eu faça." Repita isso com frequência e você verá os seus investimentos ficarem mais sólidos. Além disso, será protegido das perdas e orientado a vender seus bens ou títulos antes que um eventual prejuízo aconteça.

VOCÊ NÃO PODE CONSEGUIR ALGO DE GRAÇA

Em grandes lojas, a gerência utiliza seguranças para impedir que pessoas roubem. Eles apanham uma série de pessoas tentando todos os dias obter algo de graça. Todas essas pessoas estão vivendo na atmosfera mental da escassez e da limitação e roubando de si mesmas a paz, harmonia, fé, honestidade, integridade, boa vontade e confiança. Além disso, estão atraindo toda sorte de perdas, como perda de caráter, prestígio, status social e paz de espírito. Essas pessoas não têm fé na fonte de suprimento e não entendem como a mente funciona. Se elas convocassem os poderes da mente subconsciente e reivindicassem uma orientação para a expressão verdadeira, encontrariam trabalho e abastecimento constante. Dessa forma, por meio da honestidade, da integridade e da perseverança, elas virariam o jogo de sua vida e contribuiriam para a sociedade como um todo.

COMO OBTER UM SUPRIMENTO CONSTANTE DE DINHEIRO

Reconhecer os poderes da mente subconsciente e o poder criativo do seu pensamento ou imagem mental é o caminho para a opulência, a liberdade e o suprimento constante. Aceite a vida abundante em sua mente. Essa aceitação mental e a expectativa de riqueza têm matemática e forma de expressão próprias. Quando você entrar no estado de espírito da opulência, tudo que é necessário para a vida abundante vai ocorrer.

O seu direito de ser rico

Deixe que esta seja a sua afirmação diária e grave em seu coração: "Eu estou unido com as riquezas infinitas da mente subconsciente. Tenho direito de ser rico, feliz e bem-sucedido. O dinheiro flui para mim de modo livre, abundante e infinito. Estou sempre consciente do meu verdadeiro valor. Forneço meus talentos livremente e sou maravilhosamente abençoado em termos financeiros. É maravilhoso!"

RESUMO
SIGA ESTE CAMINHO PARA A RIQUEZA

Seja ousado o bastante para reivindicar que tem direito de ser rico, e a mente profunda vai honrar sua reivindicação. Você não quer apenas o suficiente para viver: quer todo o dinheiro de que precisa para fazer tudo o que desejar e quando desejar. Familiarize-se com as riquezas da mente subconsciente.

Quando o dinheiro está circulando livremente em sua vida, você está economicamente saudável. Veja o dinheiro como a maré e ele sempre será abundante. O fluxo e refluxo das marés são constantes. Quando a maré está baixa, você tem absoluta certeza de que subirá de novo.

Conhecendo as leis da mente subconsciente você sempre estará abastecido, não importa a forma que o dinheiro assuma.

Um dos motivos pelo qual muitas pessoas apenas se sustentam, sem nunca ter dinheiro suficiente, é que condenam o dinheiro. O que você condena ganha asas e voa para longe.

Não transforme o dinheiro em deus. É apenas um símbolo. Lembre-se de que a verdadeira riqueza está na mente. Você está aqui para levar uma vida equilibrada, e isso inclui conquistar todo o dinheiro de que precisa. Não faça do dinheiro o seu único objetivo. Reivindique riqueza, felicidade, paz, expressão verdadeira e amor. Não se esqueça de irradiar pessoalmente amor e boa vontade para todos. Assim, a mente subconsciente dará a você juros em todas essas áreas de expressão.

Não há virtude na pobreza, que é uma doença da mente. Por isso, você deve se curar desse conflito ou dessa doença mental imediatamente.

Você não está aqui para viver em um barraco, vestir-se com trapos ou passar fome. Está aqui para levar uma vida abundante.

Nunca use os termos "vil metal" ou "Eu desprezo o dinheiro": você perde o que critica. Nada é bom ou mau em si, mas pensar em algo como sendo bom ou mau faz com que seja assim.

Repita com frequência: "Gosto de dinheiro. Uso o dinheiro com sabedoria, de modo construtivo e prudente. Eu me desfaço dele com alegria e ele retorna multiplicado por mil."

O dinheiro não é pior do que o cobre, o chumbo, o latão ou o ferro que você encontra no solo. Todo o mal decorre da ignorância e do uso incorreto dos poderes da mente.

Imaginar o resultado final em sua mente faz com que o subconsciente reaja e realize a sua imagem mental.

Pare de tentar obter algo de graça. Nada vem de graça. Você precisa semear para colher. É preciso dar atenção mental aos seus objetivos, ideais e projetos para obter o apoio da mente mais profunda. A chave para a riqueza consiste em aplicar as leis da mente subconsciente, impregnando-a com a ideia de riqueza.

CAPÍTULO 5

Como prosperar

"Nem só de pão viverá o homem, mas de toda a palavra que sai da boca de Deus." (Mateus 4:4)

A LEI DA ABUNDÂNCIA é expressa de modo simples pelo escritor de salmos quando diz: "tem o seu prazer na lei do Senhor." (Salmos 1:2). Quando nosso prazer e nosso desejo são pelas "leis do Senhor", quando ansiamos pela visão e pela prática da compreensão da lei da harmonia e da perfeição, estamos no caminho para a riqueza, paz e abundância. Vamos nos unir em sentimentos com Aquele Que É Para Sempre e então produziremos frutos no tempo certo. Devemos saber que os planos e as oportunidades que Cristo tem para nós vão se apresentar e nossas folhas (ideias) não vão definhar. Apesar do que já passamos e do que possa acontecer, devemos realizar e executar. Além disso, o fogo, a energia e o entusiasmo de que precisamos para produzir nosso ideal surgem da árvore celestial, sendo regados pelas águas divinas do amor e da fé.

Devemos entender por prosperidade o aumento de nossa capacidade ou habilidade em todas as direções, de modo que façamos uso de nós mesmos e do Poder. A mente do ser humano conecta a palavra prosperidade a uma nota de dinheiro, mas ninguém ganha mais dinheiro até prosperar internamente, aumentando seu conhecimento sobre Deus, sobre a forma pela qual Ele opera, e aprofundando a sua própria capacidade de expressão.

Nunca rezamos por objetos. Entramos em um estado de consciência de ser ou obter nossos desejos. O cargo, o dinheiro e os contatos profissionais que você deseja são a imagem e a semelhança ou a forma física dos estados de consciência que os produzem.

O dinheiro, os amigos, os projetos e tudo o que você deseja podem ser manifestados entrando na sensação de ter o que você almeja. Banqueteie-se nesse estado de espírito até estar completamente saciado por esse sentimento. Continue até o seu desejo passar e você alcançar a paz: "Eu sou o pão da Vida." (João 6:35). Perceba que Eu Sou é o verdadeiro pão. Quando você diz: "Eu serei, talvez, quem sabe", está reivindicando e declarando a sua escassez. Está admitindo "Eu não tenho".

Vamos nos concentrar na verdade proposta por Jesus, quando disse: "E, tudo o que pedirdes em oração, crendo, o recebereis." (Mateus 21:22). Se você reivindicar no silêncio: "Eu sou rico", essas palavras não vão produzir riqueza. Devemos sentir a riqueza. A consciência da riqueza produz a riqueza. Devemos saber que estamos aqui para dramatizar, retratar e expressar Deus, que é harmonia, saúde e paz. Nossa vida deve ser cheia de experiências prazerosas, devemos nos desenvolver livremente em todas as áreas.

Toda a lei da prosperidade é condensada com beleza nas seguintes palavras: "O pão nosso de cada dia nos dá hoje." (Mateus 6:11). O suprimento e a substância infinitos são onipresentes. Devemos aceitar esse fato assim como aceitamos o fruto delicioso de uma árvore no pomar. Devemos estender a mão e retirar o fruto da árvore. Da mesma forma, devemos reivindicar o suprimento e reconhecer a presença dele.

O dinheiro é um meio de troca, uma ficha, um símbolo. É uma ideia na Mente Divina. Não há escassez de ar ou luz do sol. Do mesmo modo, não há escassez de suprimento. O que é a capacidade dos nossos pulmões quando absorvemos ar? Esta quantidade é tudo

Como prosperar

que podemos inalar em uma respiração. Da mesma forma, vamos nos perguntar: "Qual é a minha capacidade de receber?"

Para ilustrar, imagine que desejamos água no litoral. Se levarmos um cálice de vinho para o oceano, podemos receber apenas esta medida. Algumas pessoas pegam um galão, outras um barril, mas nunca podem esgotar o oceano. Há água suficiente pra todos. A Fonte de todo o nosso bem é o único Espírito imutável, que é inesgotável e onipresente.

Se você acha que o seu bem e suprimento dependem de determinada posição, está enganado. O trabalho não passa do canal pelo qual o seu fornecimento virá, e os canais de Deus são infinitos. Quando uma porta se fecha, outra se abre.

Como deve reagir uma pessoa que perdeu o emprego porque a empresa em que trabalha foi à falência? Em vez de lamentar a demissão, a pessoa deve se alegrar e dizer internamente que um emprego novo e maravilhoso estará disponível no mesmo instante. Assim, um emprego novo e melhor virá de modo fácil. Vamos ficar indiferentes ao canal e ganhar consciência da Fonte do nosso bem. Una-se todos os dias à Causa Primeira no pensamento, sentimento e ação.

Devemos sentir a Presença de Deus. Essa é uma experiência a ser vivida na própria consciência. É muito bom teorizar sobre a Presença e pensar Nele, mas devemos também ter a percepção interna, que vem com a comunhão silenciosa toda manhã e toda noite. Medite sobre os atributos e as qualidades da Divindade e você sentirá a Presença brotando espontaneamente dentro de si. Você não vê ou sente o cheiro do vento, mas sente a brisa no rosto. Da mesma forma, pode sentir o calor e o brilho da Presença. Algumas pessoas chamam isso de sensação de formigamento, como se a melodia dos Deuses estivesse tocando no plexo sacral.

Se você deseja demonstrar prosperidade, esqueça o passado. Embora o ontem esteja sacramentado, algumas pessoas insistem em viver no passado, pensando e se concentrando nele. Nada vive além do estado de espírito ou sentimento do presente. É o seu estado de espírito que demonstra. Alguns gastam tempo e energia se concentrando em como foram ricos, o que é uma futilidade e uma tolice. Com frequência, essas pessoas perguntam: "Por que não posso demonstrar agora?" Porque se concentrar no passado é morte e estagnação. Claro que podemos ficar felizes em demonstrações no passado, mas "eis aqui agora o tempo aceitável, eis aqui agora o dia da salvação." (2 Coríntios 6:2). O suprimento infinito está disponível de modo instantâneo agora. Independente de suas posses ou perdas no passado, o suprimento está esperando a sua reivindicação e o seu reconhecimento. Esse suprimento é onipresente, jamais condicionado pelo fluxo e refluxo da sua apreensão. Não é possível comer hoje o alimento da semana passada. Aceite o seu bem agora e ande na suposição de que "Está feito".

Os grandes cientistas ou estudiosos da verdade nunca sentem inveja ou ciúme dos outros, pois sabem que podem ir à mesma Fonte e pedir tudo o que desejam. Quando sentimos ciúme da riqueza e do sucesso do outro, isso nos joga para trás e impede que demonstremos prosperidade, o que só eleva a outra pessoa e nos diminui. A Lei não respeita pessoas, ela dá a todos de acordo com a crença de cada um. A inveja é um desperdício de energia, uma força destrutiva e emocional. Devemos nos alegrar com o sucesso do outro de modo a atrair o sucesso para nós. Devemos perceber que a outra pessoa é uma extensão de nós.

Podemos encontrar nosso lugar ao sol reivindicando e sentindo o que o Espírito Infinito revelou para nós, sabendo que agora estamos expressando nossos talentos ocultos para o mundo. Enquanto continuarmos reivindicando e aceitando isso de modo consciente, seremos levados pelo Divino ao nosso verdadeiro lugar na vida. O Deus interior dará automaticamente o que precisamos para essa expressão. Não seremos bem-sucedidos até encontrarmos o trabalho que amamos fazer. Quando amamos o que fazemos, não é mais labuta, nem estamos mais trabalhando pelo suor do rosto. Este conceito seguinte é o mais comum, mas está definitivamente errado: "Descansem dos seus trabalhos, e as suas obras os seguem." Você e Deus estão unidos no trabalho que estão fazendo.

Quando você está expressando seus talentos para o mundo, abençoando e beneficiando seus compatriotas, pode ter certeza de que está fazendo a vontade do Pai. Se você estiver fazendo a vontade do Mestre, Deus pela própria natureza será por você, então quem será contra você? Com essa atitude em mente, não há poder no céu ou na Terra que possa lhe negar o sucesso. Há momentos em que as pessoas chegam para mim e dizem: "Tudo está muito devagar, os imóveis não estão vendendo." Os imóveis, como tudo na vida, são uma ideia na Mente Divina. Os proprietários só precisam trocar ideias com os outros. Comprar e vender se dá na consciência. Se você tem algo a vender, sinta e saiba que o Espírito Infinito agora revelou a você o comprador certo na hora certa e que a venda já foi concretizada no Reino da Realidade. A sensação ou a convicção de que a transação já aconteceu em sua consciência, que é o único meio de troca verdadeiro, dá a você confiança e segurança. Basta esperar mais um pouco e a resposta positiva chega, às vezes na calada da noite, de surpresa, ou quando menos se espera.

Lembre-se sempre de que, como a Sabedoria Infinita tem o conhecimento da realização, se você desejar uma mudança ou quiser vender um imóvel, um bem ou uma ideia para outra pessoa, este Ser sabe a resposta perfeita para todas essas solicitações. Se o comprador que seria abençoado e ficaria feliz com a sua ideia estiver na China, voltará, de modo que vocês ficarão irresistivelmente atraídos um pelo outro. "Meus caminhos são inescrutáveis."

Muitos perguntam: "Posso ou devo conseguir 150 mil pelo meu imóvel?" A resposta está na pergunta. A Regra de Ouro é a regra da vida, o resto não passa de palpite. Em situação oposta, você estaria disposto a pagar 150 mil pelo mesmo imóvel? Você está com sua consciência tranquila a respeito do preço? Trata-se de um preço justo e honesto na sua opinião? Se puder responder essas perguntas afirmativamente, então o preço está correto.

Em todas as transações, lembre-se da regra de ouro: "Faça aos outros o que gostaria que fizessem a você."

Quando colocamos um imóvel à venda, sentimos internamente que o preço está alto demais? Somos espertos ao enganar o outro? Tentamos tirar vantagem do comprador por subterfúgios ou métodos ardilosos? Se fizermos isso, a lei será usada ao contrário. Nós prosperamos de verdade quando usamos a lei de maneira justa. Quando roubamos, saqueamos e trapaceamos, temos um complexo de medo, culpa e atraímos perda para nós. "Mas nada há encoberto que não haja de ser descoberto." (Lucas 12:2). Existe um princípio de justiça da mesma forma que há um princípio matemático.

Falei com várias pessoas ao longo de muitos anos e uma queixa frequente é: "Se você visse todas as contas que preciso paga... A situação está horrível!" Devemos perceber que não há dívidas no Paraíso (harmonia). Como está a situação em Deus e no Paraíso?

A resposta é que a bem-aventurança, a harmonia, a alegria e o equilíbrio perfeito são estados de consciência chamados paraíso. Vamos perceber que todas as contas agora estão pagas e ficar alegres com isso. Vamos marcá-las como pagas na mente, entrando no estado jubiloso e feliz em que todas as dívidas estão quitadas e indo dormir com as palavras: "Obrigado, Pai" nos lábios. Estamos agradecendo pelo presente já recebido na consciência. Damos o presente a nós mesmos pela consciência, sensação ou convicção interior. De alguma forma, todas essas contas serão pagas e também haverá um excedente divino. Podemos agora decretar que estamos unidos à Fonte Infinita de suprimento e todas as nossas necessidades serão atendidas no mesmo instante. Pronto, agora observe a Lei atuar!

Se você quiser dinheiro, seja amistoso com o dinheiro e ele nunca faltará. Quando o dinheiro estiver em circulação, os tempos serão prósperos. Quando as pessoas começam a remoer e a se preocupar, o medo (monstro terrível) levanta a cabeça e a depressão se instala. É tudo puramente psicológico. Não há falta de estoque na natureza. A natureza é pródiga, fértil e farta. Dizem que os frutos que caem no chão e apodrecem nos trópicos a cada ano alimentariam o mundo inteiro. A falta de estoque e a escassez decorrem das nossas falhas de distribuição e do abuso da fartura da natureza.

Como prosperar

O livro *Suggestion and Auto-suggestion*, de Charles Baudoin e Eden Paul (Dobb-Mead, 1921), atraiu os olhares do mundo a Lei do Efeito Reverso. Na página 137 do capítulo chamado Laws of Suggestion (Leis da Sugestão, em tradução livre), os autores dizem: "Quando uma ideia se impõe na mente de tal modo a ponto de originar uma sugestão, todos os esforços conscientes que a pessoa fizer para neutralizar essa sugestão não serão meramente sem efeito. Na verdade, atuarão contra os desejos conscientes da pessoa e tendem a intensificar a sugestão." Em outras palavras, sempre que estamos em um estado mental de dúvida e confusão, dizendo a nós mesmos frases como "Devo gastar, mas não posso" ou "Preciso de dinheiro para pagar as contas, mas estou desesperado", podemos desejar o quanto quisermos, mas, quanto mais tentarmos, mais difícil será manifestar esse desejo.

Quando estamos em dificuldades financeiras, ocorrem muitas sugestões nocivas, como medo, desespero e total falta de fé. Ficamos perplexos e nos sentimos desnorteados. Quanto mais tentamos pensar em uma boa ideia, mais forte grita uma má ideia. O esforço não é a forma de obter os resultados desejados.

Emile Coue criou a Lei do Esforço Reverso. Esta é a fórmula de Coue, segundo suas próprias palavras: "Quando a vontade e a imaginação estão em guerra, a inspiração invariavelmente ganha." Em outras palavras: quando o desejo está em conflito com a imaginação ou a crença, a crença vence. A ideia dominante sempre vence. O esforço pressupõe a ideia de resistência que será superada, portanto temos duas ideias ou sugestões conflitantes. "Quero riqueza ou dinheiro agora, mas não consigo obter." A neutralização ocorre e nada acontece. É como misturar azeite e água, o resultado será uma substância heterogênea.

Quando falamos: "Eu me esforcei muito rezando por abundância e suprimento", narramos o grande erro desse tipo de pensamento. O caminho para o sucesso é fácil e sem qualquer esforço. Um desses métodos sem esforço está presente na técnica de sono definida pelo movimento New Nancy School em 1910. "Devemos ter cuidado para observar que a concentração deve ocorrer sem qualquer senso de esforço para produzir o efeito adequado. Devemos ser capazes de manter o foco com o mínimo de esforço voluntário." A condição é semelhante a quando pessoas permanecem na cama assim que acordam de manhã. Elas dizem a si mesmas que poderiam levantar, mas quase contra a vontade continuam embaixo dos lençóis. No livro de Baudoin e Paul, há a seguinte explicação: "Uma forma muito simples de garantir isso (impregnar a mente subconsciente) é condensar a ideia que será objeto da sugestão, resumindo-a em uma frase breve, que possa ser gravada sem dificuldade na memória, e repeti-la continuamente, como se fosse uma canção de ninar."

Segundo esses autores, quando entramos no estado sonolento, ou como eles descrevem "o estado semelhante ao sono" (entre o estado desperto e o sono), o esforço é reduzido ao mínimo e podemos focar a atenção em nosso bem com facilidade e sem esforço. Podemos induzir esse estado sugerindo o sono a nós mesmos.

Vamos dar uma explicação prática do ensinamento que acabamos de mencionar. No ano passado, uma mulher disse em uma das minhas aulas: "As dívidas estão se acumulando, estou desempregada, tenho três filhos para criar e não tenho dinheiro. O que devo fazer?" Ela fez o seguinte: relaxou o corpo em uma poltrona, entrou em um estado sonolento e, seguindo o ensinamento de Coue, condensou suas necessidades em duas palavras: "Está feito". Essas palavras significavam para ela a realização de todos os seus desejos, como todas as contas pagas, um novo emprego, um lar, um amor, comida e roupas para as crianças e um amplo suprimento de dinheiro.

Observe a lógica da prece aceita na frase resumida "Está feito", que foi repetida várias vezes como se fosse uma canção de ninar, de acordo com a sugestão da famosa New Nancy School. Toda vez que a mulher pronunciava em silêncio "Está feito", uma sensação de calor e paz tomava conta dela. E assim até ela chegar à convicção de que estava realmente feito. A mente não se dispersou, pois a mulher manteve a concentração e o foco em uma ideia central. Ela repetiu várias vezes até sentir que fosse realidade.

Como prosperar

Quando restringimos o foco a uma frase simples, impedimos a mente de se dispersar pela rede de associações de ideias e pensamentos. Se a mente se dispersar, traga-a de volta e continue repetindo a frase curta que contém a realização de todos os seus sonhos. Os caminhos de Deus são realmente inescrutáveis! Se eu for a uma fonte e não tiver um balde, não poderei conseguir água. Da mesma forma, quando vou à fonte da água da vida dentro de mim, preciso ter um balde, que é minha atitude mental receptiva, na qual me coloco em um estado passivo, receptivo, jubiloso. Só assim a ideia ou sentimento de gratidão vão prevalecer.

Vamos citar o caso de um homem em situação delicada que enfrentava dificuldades para vender um imóvel. Ele se reclinou em uma cadeira, fechou os olhos e focou a atenção até ficar sonolento. Quando relaxou, entrou naquele estado letárgico já sugerido. Isso favorece os resultados, pois o esforço é reduzido. A prece deve ser um esforço sem esforço. O homem resumiu seus desejos na seguinte frase: "Obrigado", e a repetiu como se estivesse agradecendo o Ser Supremo por ter contribuído para que ele vendesse o imóvel. O homem não dormiu quando fechou os olhos, pois estava alerta, vivo e acelerado pelo Espírito Santo. Entrou no silêncio com uma atitude esperançosa. Sabia que ia realizar seu desejo.

Em silêncio, o homem repetiu "Obrigado" várias vezes, como se fosse uma canção de ninar. Continuou mencionando essas palavras até ter a sensação de que tudo estava da forma como nos lembramos da atitude mental grata e cristã encontrada nas palavras de Jesus: "Pai, graças te dou, por me haveres ouvido. Eu bem sei que sempre me ouves." (João 11:41, 42). Ele dormiu e sonhou (mundo da quarta dimensão) com um homem que lhe entregava um cheque. Ele respondeu: "Obrigado, Pai". Ao acordar, sabia que o imóvel estava vendido. Uma semana depois, o homem que ele viu no sonho o procurou e comprou o imóvel, composto de 14 lotes, um poço e uma casa.

Essa experiência na quarta dimensão ocorreu porque ele continuou repetindo a palavra "Obrigado" até entrar em sono profundo.

Na próxima dimensão, para onde vamos toda noite quando dormimos, ele viu a venda desejada como um fato objetivo e concreto. O agora ou o presente na quarta dimensão equivale ao aqui na terceira dimensão. Após ver algo na quarta dimensão, devemos vivenciar aquilo no plano tridimensional em um futuro próximo.

Decrete em silêncio noite e dia que Deus está prosperando em sua mente, corpo e negócios, sinta a realidade dessa afirmação e você nunca mais vai querer nada. Repita várias vezes, como se fosse uma canção de ninar: "Obrigado, Pai", enquanto se prepara para dormir. Isso significa que você está agradecendo o Eu Superior pela abundância, saúde e harmonia. Sem dúvida Deus vai Se fazer conhecer para você em uma visão e falará por meio de sonhos.

Se você for casado, aproveite essa oportunidade maravilhosa de concordar com a lei da abundância. É um suprimento infinito e onipresente da bondade, verdade e beleza de Deus. Deixe que o ser amado concorde e una suas ideias e seus motivos na demonstração de abundância em todos os aspectos.

Grandes pessoas de todos os estilos de vida foram inspiradas pelos cônjuges. Pessoas casadas podem se ver como devem ser. A sensação certa e o conhecimento interno podem transformar a derrota em sucesso e a pobreza em abundância. Juntos, eles viram uma força e razão poderosas para demonstrar a abundância, conquistando o acordo com Deus. A percepção de que "Eu e o Pai somos Um" é o estado de consciência e a resposta. Os dois que concordam ou tocam em algo podem ser marido e mulher. "Se Deus é por nós, quem será contra nós?" "Um com Deus é maioria." "Tudo é possível com Deus."

RESUMO

Para desenvolver a vida abundante, medite sobre o significado e a substância das palavras do primeiro salmo: "Bem-aventurado o homem que não anda segundo o conselho dos ímpios, nem se detém no caminho dos pecadores, nem se assenta na roda dos escarnece-

Como prosperar

dores. Antes tem o seu prazer na lei do Senhor, e na sua lei medita de dia e de noite. Pois será como a árvore plantada junto a ribeiros de águas, a qual dá o seu fruto no seu tempo; as suas folhas não cairão, e tudo quanto fizer prosperará. Não são assim os ímpios; mas são como a moinha que o vento espalha. Por isso os ímpios não subsistirão no juízo, nem os pecadores na congregação dos justos. Porque o Senhor conhece o caminho dos justos; porém o caminho dos ímpios perecerá." (Salmos 1:1-6).

CAPÍTULO 6

Fique jovem para sempre

A MENTE SUBCONSCIENTE NUNCA envelhece. Ela é atemporal, eterna e infinita. Faz parte da mente universal de Deus, que nunca nasceu e nunca morrerá.

O cansaço ou o envelhecimento não podem ser previstos em qualquer poder ou qualidade espiritual. Paciência, bondade, verdade, humildade, boa vontade, paz, harmonia e amor fraternal são atributos e qualidades que nunca envelhecem. Se você continuar gerando essas qualidades em sua vida, permanecerá jovem em espírito.

Há alguns anos, em um artigo de revista, li que um grupo de médicos eminentes da Clínica De Courcey em Cincinatti, Ohio, relatou que o tempo não é o único responsável por trazer à tona doenças degenerativas. Segundo os profissionais, o medo do tempo e não o tempo propriamente dito tem um efeito nocivo de envelhecimento na mente e no corpo. Além disso, o medo neurótico dos efeitos do tempo pode muito bem ser a causa do envelhecimento precoce.

Durante os vários anos da minha vida pública, pude estudar biografias de homens e mulheres famosos que continuaram produtivos bem além dos limites normais da vida. Alguns alcançaram a grandeza na maturidade. Também tive o privilégio de conhecer

ELE ENVELHECEU NA VIDA DOS PENSAMENTOS

Há alguns anos, visitei um velho amigo em Londres. Ele estava com mais de 80 anos, muito doente e obviamente em idade avançada. Nossa conversa revelou as fraquezas físicas dele, a frustração e a deterioração que o levavam quase à inércia. Ele alegava que era fraco e não prestava para mais nada. Com uma expressão de desesperança, revelou a filosofia falsa: "Nós nascemos, crescemos e envelhecemos para nada e é só isso."

Essa atitude mental de inutilidade e falta de valor era a principal razão da doença dele. Meu amigo esperava apenas o envelhecimento e nada mais. Ele envelheceu mesmo na vida dos pensamentos, e a mente subconsciente materializou todas as evidências daquele seu modo habitual de pensar.

A IDADE É O DESPERTAR DA SABEDORIA

Infelizmente, muitas pessoas têm a mesma atitude desse homem infeliz. Elas têm medo do que chamam "velhice", do fim e da extinção. Na verdade, isso significa que têm medo da própria vida. Mas a vida é infinita. A idade não representa o passar dos anos e sim o despertar da sabedoria.

A sabedoria é a consciência dos imensos poderes espirituais da mente subconsciente, é o conhecimento de como aplicar esses poderes de modo a levar uma vida plena e feliz. Tire da cabeça de uma vez por todas que ter 65, 75 ou 85 anos significa o fim para você ou para qualquer outra pessoa.

Isso pode ser o começo de uma vida gloriosa, fértil e ativa. Pode ser o despertar do período mais produtivo que você já vivenciou. Acredite nisso, espere isso e o subconsciente realizará.

RECEBA BEM A MUDANÇA

A velhice não é uma ocorrência trágica. O que chamamos de processo de envelhecimento na verdade é a mudança. Ela deve ser recebida com alegria e de bom grado, pois cada fase da vida é um passo à frente no caminho que não tem fim. Temos poderes que transcendem nosso corpo e nossos cinco sentidos.

Os cientistas contemporâneos estão encontrando provas concretas e indiscutíveis de que algo consciente em nós pode deixar o corpo presente e viajar milhares de quilômetros para ver, ouvir, tocar e falar com pessoas, mesmo que o corpo físico jamais saia do sofá em que está reclinado.

Nossa vida é espiritual e eterna. Nunca precisamos envelhecer para a Vida ou Deus, e nem podemos. A Bíblia diz que Deus é Vida. A vida se renova, é eterna, indestrutível e a realidade de todos os humanos.

PROVAS DA VIDA APÓS A MORTE

As provas reunidas pelas sociedades de pesquisa psíquica tanto no Reino Unido quanto nos Estados Unidos são impressionantes. É possível entrar em qualquer grande biblioteca metropolitana e obter volumes do *The Proceedings of the Psychical Research Society*, com descobertas feitas por cientistas ilustres sobre a vida após o que se chama de morte. Você vai encontrar um relato surpreendente sobre experimentos científicos que estabeleceram a realidade da vida após a morte em *The Case for Psychic Survival*, escrito por Hereward Carrinton, diretor do American Psychical Institute.

A VIDA É

Uma mulher perguntou a Thomas Edison, o pai da eletricidade: "Sr. Edison, o que é a eletricidade?" Ele respondeu: "Senhora, a eletricidade é. Use-a."

Eletricidade é o nome que damos a uma força invisível que não compreendemos totalmente, mas aprendemos tudo o que podemos sobre o princípio da eletricidade e seus usos. Nós a utilizamos de inúmeras formas.

Os cientistas não podem ver um elétron a olho nu, mas aceitam a existência dele como fato científico, por ser a única conclusão válida que coincide com outras evidências experimentais. Não podemos ver a vida com olho nu, porém sabemos que estamos vivos. E estamos aqui para expressá-la em toda a sua beleza e glória.

A MENTE E O ESPÍRITO NÃO ENVELHECEM

A Bíblia diz: "E a vida eterna é esta: que te conheçam, a ti só, por único Deus verdadeiro." (João 17:3).

Se você pensa ou acredita que o ciclo terreno de nascimento, infância, juventude, maturidade, velhice é tudo o que existe na vida, está enganado. Para você, não há salvação ou esperança, e a vida não tem sentido. Esse tipo de crença traz frustração, estagnação, cinismo e desesperança, resultando em neuroses e aberrações mentais de todo tipo. Não importa se você não consegue jogar uma partida de tênis como antes, nadar tão rápido quanto seu filho ou se o seu corpo está mais lento e você anda devagar, lembre-se de que a vida sempre se renova e o que chamamos de morte é apenas uma jornada para uma nova cidade em outra dimensão da Vida.

Nas minhas palestras, digo a homens e mulheres que eles deveriam aceitar com tranquilidade o que chamamos de velhice. Essa idade tem sua própria glória, beleza e sabedoria. Paz, amor, alegria, beleza, felicidade, sabedoria, boa vontade e compreensão são qualidades que nunca envelhecem ou morrem.

O poeta e filósofo Ralph Waldo Emerson disse: "Não contamos os anos de um homem até que ele nada tenha a contar." O caráter, a qualidade da mente, a fé e as convicções não estão sujeitos à decomposição.

VOCÊ É TÃO JOVEM QUANTO ACREDITA SER

De tempos em tempos, concedo palestras públicas em Caxton Hall, Londres. Pois bem, após uma dessas palestras, um cirurgião me disse: "Tenho 84 anos. Faço cirurgias todas as manhãs, visito pacientes à tarde e escrevo para periódicos científicos à noite."

A atitude mostrava que ele era útil como acreditava ser e era tão jovem quanto seus pensamentos. Ele comentou: "É verdade o que você disse. 'Somos tão fortes e tão valiosos quanto pensamos ser'."

Esse cirurgião não se entregou à idade avançada. Ele sabe que é imortal. Seu último comentário para mim foi: "Se eu morrer amanhã, vou operar pessoas na próxima dimensão. Não com bisturi de cirurgião, e sim com cirurgia mental e espiritual."

OS CABELOS BRANCOS SÃO UM BEM

Nunca termine um trabalho e diga: "Estou aposentado, velho e acabado." Isso seria a estagnação, a morte, e você realmente estaria acabado. Algumas pessoas estão velhas aos 30, enquanto outras são jovens aos 80. A mente é o tecelão-mestre, o arquiteto, o designer e o escultor. George Bernard Shaw foi ativo até os 90 anos e a qualidade artística da sua mente não se afastou do trabalho.

Ouvi relatos de homens e mulheres que quase foram destratados quando disseram na entrevista de emprego ter mais de 40 anos. Essa atitude por parte dos empregadores é fria, insensível, má e totalmente despida de compaixão e compreensão. A ênfase total parece estar na juventude: você deve ter abaixo de 35 anos para ser digno de consideração. O raciocínio por trás de uma ideia como esta é sem dúvida muito superficial. Se os empregadores parassem e pensassem, veriam que o homem ou mulher não está vendendo a idade ou os cabelos brancos. Na verdade, estão dispostos a ceder os talentos, a experiência e a sabedoria que acumularam em anos de experiência no mercado da vida.

A IDADE É UM BEM

A sua idade deveria ser um bem para qualquer empresa, em virtude da prática e da aplicação dos princípios da Regra de Ouro, da lei do amor e da boa vontade ao longo dos anos. Seus cabelos brancos, caso você tenha, deveriam significar mais sabedoria, habilidade e compreensão. A maturidade emocional e espiritual deveria ser uma bênção enorme para qualquer empresa.

As pessoas não devem ser obrigadas a se aposentar aos 65 anos. Esse é o momento da vida em que podem ser mais úteis para enfrentar problemas pessoais, planejar o futuro, tomar decisões e guiar os outros no reino das ideias criativas, com base em suas experiências e percepções quanto à natureza da empresa.

SEJA A SUA IDADE

Um roteirista de cinema de Hollywood me disse que precisava escrever roteiros que agradassem pessoas com mentalidade de 12 anos. É uma situação trágica, pois a grande massa da população espera ficar emocional e espiritualmente madura. Isso ignifica que a ênfase está colocada na juventude, apesar de juventude significar inexperiência, falta de discernimento e julgamento precipitado.

CONSIGO ME IGUALAR AOS MELHORES

Agora estou pensando em um homem de 65 anos que está tentando a todo o custo se manter jovem. Ele nada com jovens todos os domingos, faz longas caminhadas, joga tênis e se gaba de suas proezas, dizendo: "Olha, consigo me igualar aos melhores!"

Ele deve se lembrar da grande verdade: "Porque, como imaginou no seu coração, assim é ele." (Provérbios 23:7). Dietas, exercícios e esportes não vão deixar esse homem jovem. Ele precisa observar que envelhece ou permanece jovem de acordo com o processo de pensamento. A mente subconsciente está condicionada pelos pensamentos. Se os seus pensamentos estão sempre voltados para o belo, o nobre e o bem, você continuará jovem, independente da idade cronológica.

MEDO DA VELHICE

Jó disse: "Porque aquilo que temia me sobreveio." (Jó 3:25). Há muitas pessoas que temem a velhice e não têm certeza em relação ao futuro porque antecipam a deterioração física e mental com o passar dos anos. O que elas pensam e sentem acontece.

Você envelhece quando perde o interesse na vida, para de sonhar e de ter fome de novas verdades e novos mundos para conquistar. Enquanto a mente estiver aberta para novas ideias e novos interesses, enquanto você levantar a cortina e deixar o sol entrar, junto com a inspiração de novas verdades sobre a vida e o universo, você será jovem e vigoroso.

VOCÊ TEM MUITO A CONTRIBUIR

Não importa se você tem 65 ou 95 anos, perceba que tem muito a contribuir. Você pode ajudar a estabilizar, aconselhar e direcionar a geração mais jovem. Também pode oferecer conhecimento, experiência e sabedoria. Sempre é possível antecipar todos os momentos que o esperam na vida infinita. Você vai descobrir que não conseguirá parar de desvelar as glórias e maravilhas da vida. Tente aprender algo novo a cada momento do dia e descubra que a mente sempre será jovem.

110 ANOS DE IDADE

Há alguns anos, durante uma palestra em Bombaim, Índia, fui apresentado a um homem que disse ter 110 anos de idade. Ele tinha o rosto mais lindo que já vi, e parecia transfigurado pelo brilho de uma luz interior. Havia uma beleza rara em seus olhos, indicando que ele tinha envelhecido com satisfação e sem indício de que a mente tenha diminuído a luz.

APOSENTADORIA: UM NOVO DESAFIO

Faça de tudo para que a mente nunca se aposente. Ela deve ser como um paraquedas, que não serve para nada a menos que se abra. Seja aberto e receptivo a novas ideias. Vi homens de 65 e 70 anos se aposentarem. Pareciam definhar e, em poucos meses, morreram. Eles obviamente sentiam que a vida estava acabando.

A aposentadoria pode ser uma nova empreitada, um novo desafio, um novo caminho e o início da realização de um antigo sonho. É muito deprimente ouvir alguém dizer: "O que vou fazer agora que me aposentei?" Essa pessoa na verdade está dizendo: "Estou morto em termos físicos e mentais. Minha mente está falida de ideias.

Tudo isso é uma imagem falsa. A verdade é que você pode fazer mais aos 90 do que fez aos 60, porque a cada dia você cresce em sabedoria e compreensão da vida e do universo através de seus novos estudos e interesses.

ELE FOI PROMOVIDO PARA UM EMPREGO MELHOR

Um executivo que mora perto de mim foi obrigado a se aposentar há alguns meses por ter completado 65 anos e comentou: "Vejo a minha aposentadoria como promoção do jardim de infância para a primeira série." Ele filosofou, dizendo que, ao sair do ensino médio, subiu a escada para a faculdade. E percebeu que esse era um passo adiante para se educar e compreender a vida como um todo. Da mesma forma, agora o executivo podia fazer o que sempre quis. Logo, a aposentadoria era mais um passo na escada da vida e da sabedoria.

Ele chegou à sábia conclusão de que não precisaria mais se concentrar em ganhar a vida e poderia se dedicar totalmente a viver a vida. Ele é fotógrafo amador e fez outros cursos sobre o assunto. Depois, viajou pelo mundo filmando lugares famosos e atualmente dá palestras para vários grupos, eventos e clubes, sendo muito requisitado.

Existem incontáveis formas de se interessar por algo que valha a pena, além de si mesmo. Fique empolgado com ideias novas e criativas, faça progresso espiritual, continue aprendendo e crescendo.

Assim, você continua jovem de espírito, pois tem fome e sede de novas verdades, e o corpo vai refletir o seu pensamento o tempo todo.

VOCÊ DEVE SER PRODUTOR, NÃO PRISIONEIRO DA SOCIEDADE

Os jornais estão se dando conta de que o número de eleitores idosos está aumentando muito na Califórnia. Isso significa que suas vozes serão ouvidas na legislatura do estado e também nos saguões do Congresso norte-americano. Acredito que haverá uma lei federal proibindo empregadores de discriminar homens e mulheres por causa da idade. (Observação: o Congresso norte-americano aprovou uma lei contra a discriminação etária em 1967.)

Um senhor de 65 anos pode ser mais jovem em termos mentais, físicos e fisiológicos do que muitos homens de 30 anos. É uma tolice e uma estupidez se recusar a contratar alguém por ter mais de 40 anos. É como dizer que essas pessoas estão prontas para a sucata ou o a cesta de lixo.

Os cofres do governo — em nível municipal, estadual e federal — devem sustentar pessoas que não podem trabalhar por falta de uma chance em virtude da idade. As várias organizações que se recusam a contratar essas pessoas e perdem os benefícios da sabedoria e da experiência delas vão pagar impostos por conta dessa decisão equivocada. Essa é uma forma de suicídio financeiro. Estamos aqui para apreciar os frutos do nosso trabalho como produtores e não como prisioneiros de uma sociedade que nos leva ao ócio. O corpo fica gradualmente mais lento à medida que os anos avançam, mas a mente consciente pode ficar muito mais ativa, alerta, viva e rápida, inspirada pela mente subconsciente. Na realidade, a mente nunca envelhece. Jó disse: "Ah! quem me dera ser como eu fui nos meses passados, como nos dias em que Deus me guardava! Quando fazia resplandecer a sua lâmpada sobre a minha cabeça e quando eu pela sua luz caminhava pelas trevas. Como fui nos dias da minha mocidade, quando o segredo de Deus estava sobre a minha tenda." (Jó 29:2-4).

O SEGREDO DA JUVENTUDE

Para recuperar os dias da juventude, sinta a força milagrosa, curativa e renovadora da mente subconsciente se movendo por você como um todo. Saiba e sinta que está inspirado, renovado, rejuvenescido, revitalizado e recarregado espiritualmente. Você pode estar cheio de entusiasmo e alegria como na época da juventude, pelo único motivo de sempre poder recuperar aquele estado jubiloso em termos mentais e emocionais.

A vela que brilha sobre sua cabeça é a inteligência divina e revela tudo o que você precisa saber. Ela permite afirmar a presença do seu bem, independente das aparências. Você caminha pela orientação da mente subconsciente, pois sabe que o crepúsculo virá, levando as sombras.

TENHA UMA VISÃO

Em vez de dizer que está velho, diga: "Sou sábio no caminho da Vida divina." Não deixe as corporações, os jornais ou as estatísticas pintarem um quadro de velhice de declínio, decrepitude, senilidade e inutilidade para você. Rejeite tudo isso, pois é mentira. Recuse-se a ser hipnotizado por essa propaganda. Afirme a vida, não a morte. Tenha uma visão de si como uma pessoa feliz, radiante, bem-sucedida, serena e poderosa.

A MENTE NÃO ENVELHECE

O ex-presidente dos Estados Unidos Herbert Hoover continuava muito ativo aos 88 anos de idade e fez um trabalho monumental. Tive a oportunidade de entrevistá-lo na suíte do Waldorf-Astoria de Nova York e o encontrei saudável, feliz, vigoroso, cheio de vida e entusiasmo. Hoover tinha várias secretárias para lidar com sua correspondência e escrevia livros de natureza política e histórica. Como todo grande homem, eu o achei afável, genial, amistoso, simpático e muito compreensivo. Constatar a perspicácia mental e a sagacidade de Hoover foi uma emoção inigualável. Ele é um homem profundamente religioso, cheio de fé em Deus e no triunfo da eterna verdade da vida. Ele sofreu muitas críticas e condenações durante a Grande Depressão, mas enfrentou a tempestade e não envelheceu com ódio, ressentimen-

Liberte o poder do seu subconsciente

to, má vontade ou amargura. Pelo contrário, Hoover entrou no silêncio da alma e, comungando com a Presença Divina interior, encontrou a paz, que é o poder no coração de Deus.

A MENTE ATIVA AOS 99

Meu pai aprendeu francês aos 65 anos e virou uma autoridade no idioma aos 70. Ele estudou gaélico quando tinha mais de 60 anos e se tornou um professor reconhecido e famoso sobre o assunto. Ele também ajudava minha irmã em uma instituição de ensino superior e continuou nessa atividade até falecer, aos 99 anos. A mente dele estava tão lúcida aos 99 quanto aos 20. Além disso, a capacidade e os poderes de raciocínio do meu pai melhoraram com a idade. É verdade, você é tão velho quanto pensa e sente que é.

PRECISAMOS DE NOSSOS IDOSOS

O romano Marco Pórcio Catão aprendeu grego aos 80. A grande contralto norte-americana de origem alemã Ernestine Schumann-Heink chegou ao ápice do sucesso musical após ser avó. É maravilhoso contemplar as realizações dos idosos.

O general Douglas MacArthur, o presidente dos Estados Unidos Harry S. Truman, o general Dwight David Eisenhower e o financista norte-americano Bernard Baruch foram proveitosos, ativos e contribuíram com seus talentos e sabedoria para o mundo na terceira idade.

O filósofo grego Sócrates aprendeu a tocar instrumentos musicais quando tinha 80 anos. Michelangelo pintou seus melhores quadros aos 80. Com essa idade, Simônides de Ceos ganhou um prêmio de poesia, Johann von Goethe terminou *Fausto* e Leopold von Ranke começou a escrever sua *História do mundo*, que terminou aos 92.

Alfred Tennyson fez um poema magnífico, *Crossing the Bar*, aos 83. Isaac Newton trabalhou arduamente até chegar perto dos 85 anos. Aos 88, John Wesley dirigia, pregava e orientava o Metodismo. Vários homens de 95 anos comparecem às minhas palestras e dizem que estão melhores de saúde agora do que aos 20. Vamos colocar nossos idosos em altos cargos e dar a eles todas as oportunidades de produzir as flores do Paraíso.

Se você estiver aposentado, interesse-se pelas leis da vida e pelas maravilhas da mente subconsciente. Faça algo que você sempre quis. Estude novos assuntos e busque novas ideias. Reze da seguinte forma: "Assim como o cervo brama pelas correntes das águas, assim suspira a minha alma por ti, ó Deus!" (Salmos 42:1).

OS FRUTOS DA VELHICE

"Sua carne se reverdecerá mais do que era na mocidade,
e tornará aos dias da sua juventude." (Jó 33:25)

A velhice significa contemplar as verdades de Deus do ponto de vista mais elevado. Perceba que você está em uma jornada infinita, dando uma série de passos importantes no incessante, incansável e infinito oceano da vida. Então, como o escritor de salmos, você vai dizer: "Na velhice ainda darão frutos; serão viçosos e vigorosos." (Salmos 92:14)

"Mas o fruto do Espírito é: amor, gozo, paz, longanimidade,
benignidade, bondade, fé, mansidão, temperança.
Contra estas coisas não há lei." (Gálatas 5:22, 23)

Você é filho da Vida Infinita, que não conhece fim, e filho da Eternidade.

RESUMO
SUGESTÕES LUCRATIVAS

Paciência, bondade, amor, boa vontade, alegria, felicidade, sabedoria e compreensão são qualidades que nunca envelhecem. Cultive e expresse virtudes e permaneça jovem em corpo e mente. Algumas pesquisas médicas dizem que o medo neurótico dos efeitos do tempo pode muito bem ser a causa do envelhecimento precoce. A idade não é o passar dos anos, e sim o despertar da sabedoria na mente do homem.

O período mais produtivo da vida pode ser dos 65 aos 95 anos. Receba bem a idade avançada. Isso significa que você está ascendendo no caminho da vida que não tem fim.

Deus é Vida e esta é a sua vida agora. A vida é eterna, indestrutível e o que se renova é realidade de todas as pessoas. Você vive para sempre porque a sua vida é a vida de Deus.

As provas da vida após a morte são contundentes. Estude os volumes do *Proceedings of the Psychical Research Society*, que reúne dados coletados pelas sociedades de pesquisa psíquica do Reino Unido e dos EUA. Esse trabalho se baseia em pesquisas feitas por cientistas de destaque há mais de 75 anos.

Você não consegue ver a mente, mas sabe que ela existe. Também não consegue ver o espírito, mas sabe que o espírito do esportista, do artista, do músico e do orador é real. Da mesma forma, o espírito da bondade, verdade e beleza que se move em sua mente e coração é real. Você não consegue ver a vida, mas sabe que está vivo.

A velhice pode ser chamada de contemplação das verdades de Deus do ponto de vista mais elevado. As alegrias da velhice são maiores que as da juventude. A mente está envolvida em uma ginástica espiritual e mental. A natureza diminui a velocidade do seu corpo para dar uma oportunidade de meditar sobre o que é divino.

Você não deve contar os anos até não ter mais o que contar. A sua fé e convicções não estão sujeitas à deterioração.

Você é tão jovem, forte e útil quanto pensa ser. E tão jovem quanto seus pensamentos.

Os cabelos brancos são uma vantagem. Você não está vendendo seus cabelos brancos e sim o talento que acumulou ao longo dos anos.

Dietas e exercícios não vão mantê-lo jovem. "Porque, como imaginou no seu coração, assim é ele." (Provérbios 23:7).

O medo da velhice pode trazer a deterioração física e mental. "Porque aquilo que temia me sobreveio." (Jó 3:25).

Você envelhece quando para de sonhar e perde o interesse na vida. Também envelhece se for irritável, ranzinza, petulante e rabugento. Preencha a mente com as verdades de Deus e irradie o Sol do amor Dele: isso é a juventude.

Olhe para frente, pois o tempo todo você está encarando a vida infinita.

A aposentadoria é um novo desafio. Envolva-se em novos estudos e interesses. Você agora pode fazer o que sempre desejou quando estava ocupado demais ganhando a vida. Dedique-se a viver a vida.

Vire produtor em vez de prisioneiro da sociedade. Não esconda os seus talentos. Você é necessário. Alguns dos maiores filósofos, artistas, cientistas e escritores realizaram suas maiores obras depois dos 80 anos de idade.

Os frutos da velhice são o amor, a alegria, paz, paciência, gentileza, bondade, fé, tranquilidade e temperança.

Você tem Vida Infinita, que não conhece fim. Você é filho da Eternidade. Você é maravilhoso!

CAPÍTULO 7

Os 12 poderes

OS 12 SIGNOS DO Zodíaco, os 12 filhos de Jacó, os 12 meses do ano, as 12 horas do dia e as 12 horas da noite, os 12 trabalhos de Hércules, as 12 Tribos de Israel, os 12 portões da Jerusalém celestial, os 12 pilares do templo de Heliópolis, os 12 altares de Fanus, os 12 escudos de Marte, as 12 mansões da Lua e os 12 apóstolos: todos simbolizam e retratam os 12 poderes do homem ou os elementos da consciência. Esses poderes devem ser disciplinados e purificados até que o homem vire Jesus, o Cristo. Os 12 filhos de Jacó são os 12 apóstolos. Seus nomes e significados são:

Os filhos de Jacó (Gênesis 29:32; 30:6, 8, 13, 18, 19, 35:18)

Rúben — percepção

Simeão — conhecimento, convicção

Levi — união, amor

Benjamin — fé

Gade — poder

Liberte o poder do seu subconsciente

José — imaginação ou somar

Aser — negação

Issacar — recompensa

Dã — juízo, visão clara

Judá — orgulho

Zebulom — lidar com

Naftali — luta, afastamento

Os Apóstolos (Mateus 10:2, 3, 4)

André — percepção

Pedro — fé, conhecimento, boa-nova

Tiago Maior — julgamento justo

João — amor, expiação

Filipe — persistência, amor aos cavalos

Bartolomeu — imaginação

Tomé — entendimento, negação disciplinada

Mateus — presente de Deus, desejo

Tiago Menor — discernimento, clarividência

Tadeu — orgulho, estado de espírito exaltado

Simão, o Cananeu — aquele que leva à terra prometida, zelo

Judas — distanciamento

Nossa missão e nosso objetivo na vida consistem em disciplinar essas faculdades, de modo que uma criatura semelhante a Deus aparecerá na Terra. Então, como Jó, poderemos dizer "... contudo ainda em minha carne verei a Deus" (Jó 19:26). Jó também fez esta pergunta: "Onde estavas tu, quando eu fundava a terra? Faze-mo saber, se tens inteligência. Sobre que estão fundadas as suas bases, ou quem assentou a sua pedra de esquina, Quando as estrelas da alva juntas alegremente cantavam, e todos os filhos de Deus jubilavam?" (Jó 38:4, 6, 7). Essa não é uma pergunta de Jó a Deus, na verdade é uma pergunta dos humanos ao Eu Superior. Esquecemos quem somos e estamos tentando lembrar. O pecado original não tem nada a ver com o ato físico, sexual: é a nossa crença na sabedoria do mundo e nas opiniões alheias, e o uso do intelecto de modo destrutivo.

Nós esquecemos a nossa origem divina e aceitamos a opinião dos outros como verdadeira. Como consequência, pecamos ou erramos por não saber que o nosso estado de Eu Sou é o Deus que buscamos. Assim, nós nos concentramos na terra de vários deuses e na crença em vários poderes.

Os que amam a Verdade e praticam a Presença de Deus são como o aço magnetizado, e quem dorme para Deus é como o aço desmagnetizado: a corrente magnética está lá, mas adormecida. Quando nos concentramos na presença, a estrutura eletrônica e atômica do corpo se reforma e vibra de acordo com isso.

É possível que sugestões negativas e ridículas, assim como críticas feitas pelos outros derrubem você? Caso a resposta seja afirmativa, você não está disciplinando Filipe.

A morte de um ente querido deixou você desanimado e soturno ou alegre com o novo nascimento em outra dimensão? Se você se sente deprimido e soturno, não está chamando Filipe ao discipulado.

Segundo a Concordância, Bartolomeu significa filho do lavrado ou do arado, isto é, preparado para a colheita. Metafisicamente, representa a imaginação. Essa faculdade tem o poder de moldar todas as ideias que podem ser concebidas em substância e forma na tela do espaço. A imaginação disciplinada (terra arada ou filho do arado) é capaz de retratar apenas estados de espírito adoráveis e prazerosos. A imaginação e a fé são os dois pilares da Construção, levando ao Sagrado dos Sagrados.

Chamamos Bartolomeu ao discipulado quando imaginamos a materialidade do desejo realizado e sentimos a alegria da prece atendida. Se você ouve alguma previsão catastrófica, fica assustado e começa a imaginar e conjurar o mal, mas não trouxe à tona esse poder. Você imagina o mal para outra pessoa? Imagina que seu filho será reprovado nas provas ou que algo terrível acontecerá a seus familiares? Se você apresenta esses padrões negativos, não está chamando essa grande faculdade ao discipulado. Vamos imaginar apenas o adorável, o belo e as boas qualidades. Deixe nossos ideais serem elevados e nosso julgamento ser "manto e diadema".

Tomé significa articulado ou unido. No estado não disciplinado, representa a pessoa indecisa, que duvida e também a faculdade do entendimento. "A sabedoria é a coisa principal; adquire pois a sabedoria, emprega tudo o que possuis na aquisição de entendimento." (Provérbios 4:7). A sabedoria é o conhecimento de Deus, e a compreensão é a aplicação desse conhecimento para resolver nossos problemas diários e crescer espiritualmente.

Nossa razão e nossa percepção intelectual da Verdade ficam ungidas pelo Espírito Santo e vamos de uma glória a outra. Quem disciplina essa faculdade sabe que a própria consciência ou percepção é Deus do mundo e centro da causa. Portanto, todos os rumores, mentiras e sugestões que não são a Verdade e nem de Deus serão negados, rejeitados. Todo e qualquer rumor de sugestões que se oponham a isso será ignorado.

Se você estiver cheio de medo, sua fé não é em Deus ou no Bem e você não acredita na Onipresença de Deus. Se você estiver chamando Tomé ao discipulado, saberá que Deus está onde você está. Ele anda e fala em você. Você é o traje que Deus veste quando passa pela ilusão do tempo e do espaço. Ao disciplinar Tomé, vamos tocar a Realidade e saber que Deus é.

Mateus significa o presente de Jeová, dado totalmente por Jeová. Em resumo, Mateus significa o seu desejo. É a ânsia cósmica dentro de você que busca ser expressa. Todo problema carrega em si a solução na forma de um desejo. Se estamos doentes, automaticamente desejamos a saúde. O desejo (Mateus) já está batendo à porta. A aceitação do desejo é a prece atendida. Você por acaso diz: "Estou velho demais. Minha lucidez oscila. Agora é tarde demais. Não tenho chance"? Você aceita o veredito do médico ou a crença? Ou você mergulha internamente e diz, como muitos antigos, "A minha alma engrandece ao Senhor." (Lucas 1:46). Sim, você porventura entra em si no silêncio e aumenta a possibilidade de realizar seu desejo? Se você fizer isso, chamará Mateus ao discipulado.

Tiago Menor (Mateus 10:3, Marcos 15:40) significa a faculdade de ordenação ou a mente organizada. A ordem é a primeira lei do paraíso. Quando estamos mentalmente em paz, encontramos a paz no lar, nos negócios e em todos os assuntos. Essa faculdade mental também recebe o nome de discernimento ou discriminação. Quimby, o pai da Metafísica nos Estados Unidos, tinha a qualidade do discernimento altamente desenvolvida. Ele foi capaz de diagnosticar e interpretar todas as causas por trás das indisposições ou enfermidades de seus pacientes. Quimby dizia onde estavam as dores e as aflições, e também decifrava os padrões mentais por trás delas. A explicação dele era a cura. Quimby era clarividente. Quando essa faculdade de clarividência estiver totalmente desenvolvida, será possível ver a Divindade por trás da forma, a Verdade por trás da máscara. Ele contemplará a Realidade e verá a Presença de Deus em toda parte.

Nós culpamos o governo, as crises, a família, os empregados, os colegas e tudo o mais pelos problemas ou limitações que enfrentamos? É fácil colocar a culpa nos outros. Somos capazes de interpretar o que vemos ou julgamos de acordo com as aparências? A aparência objetiva nem sempre é verdadeira. Vamos chamar Tiago Menor ao discipulado e deixar o julgamento ser como o meio-dia, quando a Lua não tem sombra. Fico em pé em minha sombra, portanto nada entrará no caminho para me impedir de julgar corretamente. Nenhuma sombra deverá cruzar nosso caminho, o mundo da confusão deverá ser rejeitado. Nosso julgamento deverá ser justo, significando plenitude e perfeição: Deus perfeito, homem perfeito e Ser perfeito.

Tadeu significa afeto, coração e louvor. Tadeu representa o estado de espírito exaltado, feliz e jubiloso. "E eu, quando for levantado da terra, todos atrairei a mim." (João 12:32). Essa é a atitude mental do homem que está disciplinando Tadeu. Levantamos os outros quando nos alegramos por eles possuírem e expressarem tudo o que desejamos vê-los expressar.

Se você louvar as flores no vaso, elas crescerão com abundância e beleza. Peça à planta para se inclinar para beijá-lo e ela o fará. Ela vai crescer em sua direção para ganhar seu beijo, assim como um cachorro pula em seu colo quando você indica que ele vai receber carinho. Quando vamos a um restaurante e a garçonete demora muito para nos servir, fazemos críticas e imaginamos que ela deva ser demitida ou elevamos nossa consciência e a enxergamos como deve ser?

Nós enxergamos os outros como pedintes? Caso a resposta seja afirmativa, nós os vestiremos em trapos. Eles são Reis andando pela Estrada Real! Vamos vesti-los com os trajes da salvação e o manto da justiça. Os pedintes serão transformados e não estarão na esquina amanhã. Isso é um exemplo de chamar Tadeu ao discipulado.

O louvor irradia, dando glória e beleza aos poderes internos do homem. Vamos imitar São Tadeu e andar pela Terra com o louvor de Deus para sempre nos lábios.

Outro apóstolo é Simão, o Cananeu. Simão significa ouvir, escutar. Significa o que ouve e obedece a voz Daquele Que Para Sempre É. Quando nós disciplinamos essa faculdade, procuramos e esperamos orientação espiritual e iluminação direta da fonte de Deus. Ficamos quietos e ouvimos a voz baixa e calma, a vibração ou tom dentro de nós, que brota e diz: "Este é o caminho, andai nele."

Simão, o Cananeu, pode ser evocado como receptividade à voz interior da sabedoria, verdade e beleza. Isso nos leva à terra da Cananeia, à terra prometida, à realização da harmonia, saúde e paz. Ouvimos apenas a boa-nova sobre nós e sobre os outros, esperamos o melhor. Os que disciplinam essa faculdade mental vivem um estado de expectativa jubilosa e, invariavelmente, o melhor lhes acontece.

A palavra de Deus surge diante deles como uma "coluna de nuvem para os guiar pelo caminho, e de noite numa coluna de fogo para os iluminar, para que caminhassem de dia e de noite" (Êxodo 13:21).

Você costuma fazer fofoca e críticas, cuidar da vida dos outros e ceder à maledicência? Tais qualidades negativas o impedem de controlar e disciplinar essa importante faculdade mental. Você ouve e deseja apenas o melhor para os outros? Se puder, não vire as costas, não desista. A Verdade o levará a uma terra de fartura (Cananeia), onde fluem o leite da vida eterna e o mel da sabedoria imaculada.

Judas significa limitação, a noção de necessidade, o desejo ou as forças irredimíveis da vida. Todos nós nascemos com Judas, pois nascemos em um mundo onde temos consciência das fronteiras, do tempo, da distância e de outras limitações. "Estiveste no Éden, jardim de Deus; de toda a pedra preciosa era a tua cobertura." (Ezequiel 28:13). Sim, estávamos em um estado sem desejo! Agora, nascemos em um mundo tridimensional, temos desejos. O fracasso na realização de nossos desejos, de nossas expectativas e de nossos ideais é a causa de frustrações e conflitos. A falta de compreensão faz com que homens cobicem, odeiem e sintam ganância pelos imóveis, territórios, posses e terras alheias. Diz-se que Judas carregava a bolsa de dinheiro (noção de necessidade, limitação). Esta é uma das maiores faculdades que deve ser disciplinada, pois revela o Cristo ou a Verdade que nos liberta.

Acredita-se que Judas traiu Jesus. Se eu traio você é porque sei o seu segredo. O segredo é Cristo. Trair significa revelar. Cada problema revela a própria solução na forma de um desejo. Judas é necessário para a trama, pois com os problemas descobrimos o Cristo interior (o Eu Sou, a nossa consciência) para ser o Salvador. A alegria está em superar os problemas. Quando aceitamos o desejo, simbolizado por Judas (desejo) beijando Jesus (ato de amor), Judas morre ou comete suicídio e o Salvador (nossa prece atendida) é revelado ou se manifesta.

Enquanto tivermos desejo, não o realizamos. Contudo, no momento em que o desejo morre pela nossa aceitação ou convicção do nosso bem, uma sensação de paz nos invade. Estamos em repouso. No sentido definitivo, quando o homem morre para todas as falsas crenças, para os medos, para as superstições, para os preconceitos em relação a raças, credos e cores, Cristo é revelado, pois a essência destilada da humanidade é Cristo. Então ele chama as constelações: "Ou produzir as constelações a seu tempo, e guiar a Ursa com seus filhos?" (Jó 38:32). O Judas (ideia de limitação e servidão) em nós é transformado e redimido quando morremos (nos distanciamos) de todas as evidências sensoriais e crenças sobre pertencer a uma determinada raça, idade, nacionalidade etc.

Disciplinamos Judas quando nos entregamos ao influxo do Amor Divino e nos consagramos à pureza de objetivos. O Amor Divino supera todos os problemas e transforma em seu estado puro e original o homem que o sente. O Espírito Santo nos unge, nós ressuscitamos e Cristo Jesus é revelado.

Você tem algum preconceito político ou religioso agora? Gosta de manter seus preconceitos? Caso a resposta seja positiva, você não está disciplinando Judas porque ele significa distanciamento, que é a indiferença Divina. A indiferença é o laço que afasta.

O amor é o que nos une ao nosso bem, o que significa que distanciamos nosso foco do que não queremos e concentramos em nosso bem ou ideal. O amor é o foco de corpo e alma e devoção à Verdade. Não devemos amar qualquer outro poder. Nós devemos matar Judas. Quando morremos para todas as falsas crenças, retornamos ao Jardim de Deus. "Estiveste no Éden, jardim de Deus; de toda a pedra preciosa era a tua cobertura." (Ezequiel 28:13).

Sim, na verdade você é Cristo. "Nisto não há judeu nem grego; não há servo nem livre; não há macho nem fêmea." (Gálatas 3:28). Quando a base foi criada, somos um com Deus. Esta base é Cristo. O único Filho gerado é cada um de nós, porque fomos gerados do Único. Devemos despertar para o nosso verdadeiro ser e descobrir quem somos: Deus andando na Terra!

Você, leitor, representa Jesus e os 12 apóstolos. Do mesmo modo que o Sol se move pelo Zodíaco em seu ciclo, simbolicamente falan-

Os 12 poderes

do, o nosso Sol (o Espírito Santo) deve se mover pelas 12 faculdades, inspirando e expirando nelas a Luz e Vida Dele que É. Enquanto disciplinamos as faculdades destacadas neste livro, viramos de maneira consciente a radiação de Deus e dissolvemos barreiras entre nós e o Criador.

Devemos pintar o verdadeiro retrato de Jesus, o Cristo: não a imagem horrenda mostrada há mais de dois mil anos, de um homem de mágoas, sangrando na cruz com uma coroa de espinhos. Vamos deixar à juventude mundial a verdadeira história de Jesus, para que todos os meninos e meninas queiram imitar o vitorioso. NENHUMA criança quer ser a vítima. Estamos procurando "a palavra perdida" sem saber e perceber que, quando ela for descoberta, será em nossa manjedoura, cercada pelos animais e marcada por uma estrela brilhante ou um arbusto em chamas.

A estrela brilhante é o Eu Sou. Jesus, o homem, a encontrou e foi "Batizado" ou desperto para sua Divindade, traduziu seu corpo e voltou para a Glória que era dele antes que o mundo existisse. Ele relata isso no 17º capítulo de João: "Eu glorifiquei-te na terra, tendo consumado a obra que me deste a fazer. E agora glorifica-me tu, ó Pai, junto de ti mesmo, com aquela glória que tinha contigo antes que o mundo existisse." (João 17:4, 5). Antes que o mundo existisse, Eu Sou. Antes que Abraão existisse, Eu Sou. Quando tudo cessar de existir, Eu Sou.

CAPÍTULO 8

Como obter resultados com a oração

Etapas da oração

"E mandou a Pedro e a João, dizendo: Ide, preparai-nos a páscoa,
para que a comamos. E eles lhe perguntaram: Onde queres
que a preparemos? E ele lhes disse: Eis que, quando entrardes
na cidade, encontrareis um homem, levando um cântaro
de água; segui-o até à casa em que ele entrar. E direis
ao pai de família da casa: O Mestre te diz:

Onde está o aposento em que hei de comer a páscoa com os meus
discípulos? Então ele vos mostrará um grande cenáculo mobiliado;
aí fazei preparativos. E, indo eles acharam como lhes havia sido dito;
e prepararam a páscoa. E, chegada a hora, pôs-se à mesa, e com ele
os 12 apóstolos. E disse-lhes: Desejei muito comer convosco esta páscoa,
antes que padeça; Porque vos digo que não a comerei mais até
que ela se cumpra no reino de Deus. E, tomando o cálice, e havendo
dado graças, disse: Tomai-o, e reparti-o entre vós; Porque vos digo que
já não beberei do fruto da videra, até que venha o reino de Deus.
E, tomando o pão, e havendo dado graças, partiu-o, e deu-lho, dizendo: Isto
é o meu corpo, que por vós é dado; fazei isto em memória de mim.
Semelhantemente, tomou o cálice, depois da ceia, dizendo: Este cálice
é o Novo Testamento no meu sangue, que é derramado por vós. Mas eis
que a mão do que me trai está comigo à mesa." (Lucas 22:8-21)

No 22º capítulo de Lucas, lemos sobre o banquete de Páscoa, que significa se alimentar com o pão da vida. O pão a que o texto se refere é o alimento espiritual. "Eu sou o pão da vida." Quando erguemos a consciência através da percepção da Onipresença, do Amor Infinito e da Inteligência de Deus, não só estamos alimentados o suficiente como há um excedente.

O pão e o vinho simbolizam a Substância e o Amor Divinos. O Pão é o pensamento semelhante a Deus, e o vinho, a manifestação do nosso ideal. Há uma crença de que pensamentos se transformam em objetos. "Deus pensa e mundos aparecem." O mundo inteiro é um pensamento de Deus.

A forma criativa do nosso pensamento se manifesta externamente. Como qualquer pensamento que sentimos como verdadeiro sempre será exibido na tela do espaço, da mesma forma a palavra (convicção do homem) "se tornou carne" ou se manifestou. Em outras palavras, o pão é o desejo, e o vinho, a aceitação e realização do seu desejo em consciência.

Por exemplo, uma garota que deseja ser atriz se alegra com o fato de ser ótima atriz no momento. Com os olhos fechados em meditação, ela se imagina atuando em um palco, diante de uma plateia. Ela vive e sente a emoção dessa experiência. Cedo ou tarde, a garota realizará ou fixará esse estado na consciência. Comer o pão ou a substância de Deus simboliza esse estado de espírito adorável.

A Lei universal da vida deve expressar o que for subjetivamente afirmado ou sentido como verdadeiro. Esse é o vinho de Deus ou o nosso bem manifestado. O vinho representa a animação ou o despejar da vida em uma ideia. Beber o vinho simboliza "esfregar" o óleo do júbilo em você ou, como disse Paulo: "Despertes o dom de Deus que existe em ti." Enquanto deixar a bondade, a verdade e a beleza fluírem, você se torna um participante da Natureza Divina. Essa é a Comunhão Sagrada ou comungar com o amor, a paz, a felicidade, a plenitude e a perfeição.

A vida tem dois aspectos: espiritual e físico. O espiritual é inspirador, e o físico, nutricional. Essas qualidades estão repre-

Como obter resultados com a oração

sentadas na Bíblia como pão e vinho. A vida em nós é Deus. O corpo e interesses Dele são o mundo.

Algumas lendas antigas dizem que o homem, Jesus, cantava com seus discípulos. Da mesma forma, quando oramos, devamos entrar em Sua presença cantando e em seu palácio com o louvor.

Quando estamos abalados por um problema ou enfrentamos o que o mundo chama de situação crítica, jamais devemos encarar a dificuldade com palavras como: "Este é um problema muito delicado, muito trabalho mental terá que ser feito." O caminho da prece é sem esforço, portanto a atitude deverá ser de esforço, porém não em demasia.

O fim de toda prece deverá ser "Está feito" ou "Está resolvido". Essas palavras significam que a prece é um banquete jubiloso, no qual contemplamos a alegria da prece atendida. É uma comunhão espiritual. Devemos nos sentir descansados, equilibrados e calmos após a prece. Uma sensação de paz deve nos invadir, além da satisfação interior de que Deus está fluindo através do nosso problema e, portanto, não há problema.

A pessoa espiritualizada ou estudiosa da verdade nunca leva o problema para Deus, pois Ele não tem problemas. Por outro lado, o estudioso leva a resposta para Deus, pois Ele conhece apenas a resposta.

O primeiro passo da prece consiste em acalmar a mente e se concentrar nos atributos de Deus, que estão dentro de você. Por exemplo, concentrar-se na Paz, Sabedoria, Inteligência e Amor Infinitos, e perceber que sua consciência é Deus, vai garantir a atitude mental correta, a de que Deus tem a solução.

O segundo passo da prece consiste em subir a colina do Bem ou Deus. Essa ascensão pode levar minutos ou horas, dependendo do indivíduo. Em circunstância alguma você deverá resolver suas dificuldades a partir do medo e da dúvida, pois isso só vai agravar a situação. A consciência sempre amplifica! Se você dá atenção ao problema, ele cresce e se expande. Você deve se afastar completamente do problema e contemplar o seu bem. Enquanto medita sobre ele, você está subindo a colina de Deus.

Terceiro passo: o seu estado de espírito de dúvida agora mudou para confiança. O estado de espírito de medo mudou para satisfação e paz. Você está no alto da montanha! Esta é a hora de dizer a palavra com absoluta convicção. A palavra que você fala do alto da montanha é a convicção ou sentimento de que "está resolvido" e sua prece foi atendida. O seu coração bate no ritmo de Deus. A sua contemplação é a contemplação Dele. O seu pulso e a sua alegria são Dele. Você diz "amém" em voz alta ou em silêncio, como achar melhor.

Ao descer da montanha, há a certeza interna de que seu desejo é um fato da consciência e seu coração está cheio de felicidade. É o conhecimento silencioso e interno da alma, segundo o qual você sabe que sabe. Não é possível externar isso. É como uma criança que anda por aí com a expectativa jubilosa, embora seja incapaz de expressar com clareza esse estado de espírito em voz alta.

Quarto passo: em pouco tempo, o estado de espírito sentido internamente como verdadeiro será vivenciado externamente. Você deve continuar impassível, sabendo que o bem está a caminho e, quando menos esperar, a resposta virá com a cura.

A Bíblia é um livro que traz verdades espirituais, tudo o mais é puramente incidental. Trata-se de um drama psicológico: os personagens, as personalidades e os acontecimentos retratados representam estados de consciência dentro de todos nós. Da mesma maneira, as pessoas mencionadas neste capítulo representam qualidades da mente.

Toda a trama da Bíblia ocorre dentro de nós. É uma história da alma. A Bíblia pode ser lida no tempo passado, presente ou futuro, pois não há tempo em Deus ou na consciência. Lemos a Bíblia no presente, é a história de cada pessoa. Qual valor a Bíblia pode ter se você enxergá-la apenas como documento histórico? Aplicar a beleza interna e crescer espiritualmente é tudo o que importa. Devemos ver a beleza interna e as verdades transcendentais contidas neste ótimo drama.

A Última Ceia foi submetida a várias intepretações. Toda pessoa andando na Terra é simbolizada por Jesus e seus 12 apóstolos. Eu

Sou é Jesus, Consciência, Vida ou a percepção em cada um de nós. Também existem 12 faculdades ou forças da consciência dentro de nós. Conforme indicado no capítulo anterior, às vezes elas são chamadas de 12 tribos de Israel ou os 12 apóstolos.

Na antiguidade, as 12 faculdades eram chamadas de 12 Signos do Zodíaco. O nome Zodíaco significa Consciência ou cinturão sagrado dos animais. Todos os animais (estados animados da consciência) estão dentro de nós, assim como o Infinito está dentro Dele, portanto todos os tons, estados de espírito, vibrações e ideais estão dentro de cada um de nós. Eles emanam de nós enquanto Deus está em nós.

Agora vamos todos a um banquete jubiloso e místico. Você, leitor, vai dividir o pão com o escritor. A seguir, veremos outra técnica da arte e da ciência da prece: a Páscoa é celebrada pelos judeus para comemorar o êxodo do Egito, o que significa a alegria ao despertar da escuridão para a luz, do sofrimento e dor para a verdade que nos liberta.

Significa também passar de um estado de consciência para outro, o que acontece na oração. "E mandou a Pedro e a João, dizendo: Ide, preparai-nos a páscoa, para que a comamos." Esse diálogo se refere a você em uma atitude de prece. Simbolicamente, é a mente objetiva e consciente falando com o seu eu interior ou verdadeiro, a Realidade ou o seu Eu subjetivo.

A Páscoa e a crucificação são histórias idênticas. A crucificação representa a passagem de um estado de consciência para outro. É a transição da doença para a saúde, da prisão à liberdade, da pobreza à riqueza etc. A crucificação também significa um estado psicológico fixo, a sensação interior de que sua prece foi atendida. A fim de comer a Páscoa você deverá chamar Pedro e João. Pedro simboliza a fé, e João, o amor.

"Quando entrardes na cidade..." A cidade é o lugar secreto do Altíssimo, onde você comunga com Deus. Primeiro você relaxa a mente, depois se concentra no próprio estado de Eu Sou. Quando todas as faculdades se voltam para dentro e se concentram no

Uno, no Belo e no Bom, você está verdadeiramente sentando à mesa com seus 12 apóstolos. Esse processo meditativo às vezes é simbolizado pelo movimento do Sol pelos 12 signos do zodíaco. Tanto o Sol quanto o zodíaco estão dentro de todos nós. O Sol na Bíblia é o Eu Sou, enquanto as 12 faculdades mentais ou apóstolos são o zodíaco. "Quando entrardes na cidade, encontrareis um homem, levando um cântaro de água; segui-o até à casa em que ele entrar." O homem com o cântaro de água é Simão, o Cananeu, que representa a sua capacidade de ouvir a boa-nova. Simão significa ouvir e a Cananeia é a receptividade, a Terra Prometida ou a prece atendida. Significa que você deve ficar parado e adotar uma atitude de escuta, como Lincoln ouviu o princípio da Liberdade, Mozart, o princípio da harmonia, e Einstein, o princípio da matemática. Quando você começa a dar atenção ao bom ou ideal, está seguindo o homem com o cântaro de água.

Despejar água no chão representa sentir a semente ou a ideia. É um estado de espírito delicioso que se torna um estado fixo no tempo certo. Quando o estado de espírito se consolida, vira uma convicção subconsciente. A água ou consciência toma a forma do recipiente no qual é despejada. Em outras palavras, significa que a mente subjetiva (água) aceita tudo que sente como verdadeiro e objetifica na tela do espaço. A expressão é a imagem e a semelhança do tom, estado de espírito ou sensação da ideia impressa subjetivamente.

Até o momento, você descobriu que o procedimento adequado para comer a Páscoa é ficar parado, fechar os olhos, afastar-se da aparência objetiva das coisas e concentrar-se no poder e na glória de Deus dentro de si. A ideia é que você agora esteja enriquecido pela fé (Pedro) e fertilizado pelo amor (João). A prece é um estado psicológico, e dele você se banqueteia no seu bem ou ideal.

"Onde está o aposento em que hei de comer a páscoa com os meus discípulos?" O aposento é a mente calma onde você se volta para dentro, para o Uno, o Belo e o Bom. Seus olhos estão voltados para dentro na direção do real. Você está em sintonia com o Infinito. Seus pensamentos são os pensamentos de Deus e o poder de Deus está com seus pensamentos sobre o bom. Agora você está comendo a Páscoa, que é um banquete psicológico.

Meditar significa comer de Mim. O Mim ao qual isto se refere é o Eu Sou ou Deus. Na prece nós comemos de Deus ou do nosso bem até estarmos saciados do sentimento de posse ou de ser quem desejamos. Nosso desejo se tornou uma convicção, não buscamos mais o que temos. Devemos ter tudo na consciência antes de ter ou vivenciar no mundo. Tudo flui do invisível para o visível.

"Então ele vos mostrará um grande cenáculo mobilado; aí fazei preparativos." Não importa o que buscamos ou desejamos, isso já subsiste na Mente Infinita. Fazemos com que seja objetificado ou precipitado pela sensação de realidade do estado ou objeto desejado, então o estado de espírito retido se manifesta e dizemos que ele existe. Independente do que você pense, já é um fato da consciência, então tudo o que você precisa fazer são os preparativos, o que exige que você esteja disposto a receber o presente. "Sou um presente a ti." Fazer os preparativos significa reconhecimento, aceitação e convicção. Deus é quem oferta e também é o presente.

"E, chegada a hora, pôs-se à mesa, e com ele os 12 apóstolos." A hora significa o momento que você está pronto pra demonstrar ou para colocar a lei em funcionamento de modo construtivo. Pôr-se à mesa quer dizer estar em um estado mental receptivo, psíquico ou passivo. É um estado de esforço sem esforço.

Como já mencionado, os 12 apóstolos representam as faculdades e qualidades mentais em todos nós, e por isso, às vezes, são chamados de 12 poderes do homem. Eles são apóstolos apenas quando são disciplinados na meditação ou prece científica. Na meditação, todos os sentidos estão reservados para o profundo, a mente está concentrada em um objetivo ou ideal. Esta é a tranquilidade mental, para onde você direciona a mente subjetiva de modo consciente.

Para que o pensamento seja eficaz, deverá ser direcionado de modo consciente, sábio, construtivo e sistemático. Pôr-se à mesa com os 12 apóstolos representa a atitude disciplinada da mente.

Você agora está sintonizado com o Poder Infinito e ouvindo a boa-nova. Trata-se de uma escuta interior. É o conhecimento interior e silencioso do místico.

"E, tomando o pão, e havendo dado graças, partiu-o, e deu-lho, dizendo: Isto é o meu corpo, que por vós é dado; fazei isto em memória de mim." O Ele é o seu Eu Sou e o pão é o seu ideal ou o que irá abençoá-lo. "Eu sou o pão da vida." O verdadeiro pão é o alimento espiritual do qual você compartilha. O pão também simboliza os pensamentos de paz, amor e felicidade. "E Jesus lhe respondeu, dizendo: Está escrito que nem só de pão viverá o homem, mas de toda a palavra de Deus." (Lucas 4:4). Você pode comer o pão físico, mas voltará a ter fome. O pão que você divide é o pão da vida, é o estado de consciência nobre, majestoso e divino.

Quando você se banqueteia dessa forma, não voltará a ter fome. Algumas pessoas vivem para comer e têm fome de paz de espírito, integridade, felicidade, segurança, amor e companheirismo. Tudo o que é real na vida é intangível, portanto o pão do qual se fala vem do paraíso, que é a paz, felicidade e liberdade. Esses são os motivos do Espírito de Deus dentro de você, por isso são chamados de pão do paraíso.

"Isto é meu corpo..." O corpo significa a sua imagem pictórica ou ideal. Quando o ideal ou imagem está impresso no subconsciente, ele se manifesta à exata imagem e semelhança do estado de espírito que o recepcionou.

Por exemplo, se o seu ideal é se tornar um grande artista, esse ideal inflama a mente e gera um estado de espírito ou sensação prazerosa, que esconde o corpo ou a forma do seu ideal. O estado de espírito é o Pai, que gera a sua semelhança no plano objetivo. "Do mesmo modo que é internamente, será externamente."

Um exemplo semelhante é o da noz, que contém a semente do carvalho, ou o da semente de mostarda no chão, que produz a planta da mostarda. Dentro da semente da mostarda está o corpo ou forma da planta da mostarda. "Fazei isto em memória de mim." Quando nos lembramos, remontamos todas as partes que completam o todo e percebemos a Unicidade ou plenitude. "Todos fazemos parte de um todo estupendo cuja natureza corpórea é, e do qual Deus é a alma." Lembrar significa unir-se a Deus. O significado final de lembrar é despertar para todo o bem que está presente agora. O corpo de algo é o padrão que criamos, moldamos e damos forma em nossa mente. O seu corpo é um padrão de seu estado subjetivo de pensamento. Os pensamentos e crenças subconscientes criam e moldam o corpo.

"Semelhantemente, tomou o cálice, depois da ceia, dizendo: Este cálice é o Novo Testamento no meu sangue, que é derramado por vós." O Novo Testamento significa testemunhar um novo estado de consciência. "Eu venho como testemunha." Uma testemunha atesta o que é. Quando você reza com sucesso, vira um novo ser. Você é transformado e testemunha um novo estado de consciência. Você mudou seu nome ou sua natureza.

Se, por exemplo, você estava paralítico e agora anda, esse é o Novo Testamento no seu sangue. O sangue simboliza a vida. O cálice representa o cálice de vinho, que por sua vez simboliza a alegria. Em outras palavras, é o estado alegre e jubiloso da mente, no qual você despeja amor e sentimento no seu ideal e contempla a alegria da prece atendida. Você entra em um grande banquete psicológico de paz e felicidade, além de contemplar a realidade do que desejou. Em suma, você contempla a alegria que teria, caso recebesse agora o seu ideal ou se agora você fosse quem deseja ser. Se você continuar a se banquetear com o fato realizado, chegará o momento em que vai se saciar e dizer: "Está resolvido", "Amém" ou "Está feito". Essas palavras de confirmação se referem ao estado concluído e psicológico na consciência. Você subjetivamente sabe que aquilo pelo que rezou é um fato na consciência. Esse é o conhecimento interno e silencioso da alma. É uma sensação da quarta dimensão, na qual você sabe que sabe. Você ainda não tem prova objetiva, mas não está esperando resultados, pois sabe que, quando menos esperar, a manifestação ou demonstração vai aparecer. Você continua impassível na convicção absoluta de que a solução sentida como verdadeira internamente deverá ser vivenciada externamente.

"Mas eis que a mão do que me trai está comigo à mesa." Essa citação simboliza o último processo de prece. Judas trai Jesus e representa a limitação ou o seu problema. O oposto do seu problema é a solução ou Jesus. A limitação ou Judas trai ou revela Jesus, a solução. Todo problema contém em si a solução na forma de um desejo. É necessário que Judas ou a limitação cometa suicídio. O suicídio em questão significa afastar-se do problema e focar a atenção no seu bem ou ideal. Ao sentir a realidade do seu ideal, você promove um estado fixo na consciência, seguido por uma sensação de paz e felicidade. A aceitação do seu desejo na consciência é a prece verdadeira, que sempre traz descanso, paz e felicidade. Isso sempre resulta na morte de Judas ou da limitação e no nascimento do seu novo conceito.

Em João 17:12, Judas é chamado de filho da perdição ou sensação de perda ou culpa. No Livro dos Atos dos Apóstolos descobrimos que Judas "adquiriu um campo com o galardão da iniquidade" e que ele morreu como resultado de uma queda. No Livro de Mateus somos informados de que ele, "atirando para o templo as moedas de prata, retirou-se e foi-se enforcar".

A Bíblia fornece versões conflitantes sobre o que aconteceu a Judas. É significativo saber que não estamos lidando com um homem, mas estamos preocupados com uma atitude mental de mentiras, medos e crenças profanas. Judas é a personificação do adversário ou do nosso pensamento negativo, que vem do mundo ao redor. Em outras palavras, Judas é nossa falsa crença. Além disso, Judas é o tipo de pessoa que acredita que o poder e a honra estão nas posses mundanas e na supremacia sobre os outros. Devemos morrer ou cometer suicídio para essas falsas crenças e perceber que a única paz e a única fonte de suprimentos e poder vêm de Deus. Devemos dar o reconhecimento completo a Ele: "Eu o sou, e fora

Como obter resultados com a oração

de mim não há outra." Quando deixamos de acreditar na mentira simbolizada por Judas, Deus ou bem é revelado. Esse é o motivo pelo qual Judas revela ou trai Jesus. Jesus simboliza a solução ou a realização do seu desejo.

Por exemplo, se você agora deseja um apartamento em sua cidade, a crença de que seria difícil conseguir comprar um é Judas. O traidor deve morrer, então o apartamento aparecerá. Desejo sem medo é manifestação. Satã ou Judas tentando Jesus significa que as pessoas estão tentadas a sacrificar o crescimento espiritual em troca de posses materiais, como poder terreno, pompa e cerimônia. Muitos preferem viver a mentira em vez de aceitar a verdade. "Cada dia morro", diz Paulo. Morremos para o antigo estado e vivemos para o novo e, assim, vamos de uma glória a outra.

A última ceia acontece toda noite, quando você entra em sono profundo. O seu último conceito desperto de Eu, antes de adormecer, é a última ceia para aquele dia. Você deverá sempre ir dormir sentindo-se bem-sucedido, feliz e próspero, assim você ceou com Deus ou o seu bem. Enquanto as mentes consciente e subconsciente se unem durante toda noite no sono, você carrega para as profundezas todas as reações daquele dia, a menos que as mude antes de dormir. Essas reações do dia estão gravadas na consciência e serão expressas no amanhã como experiências, circunstâncias e acontecimentos.

Ao se banquetear com frequência no Uno, no Belo e no Bom, enfim morreremos para todos os medos e dúvidas e voltaremos ao Jardim do Éden ou paraíso. Quando morrermos para todas as falsas crenças, daremos à luz a Consciência-Cristo: esse é o significado definitivo da Última Ceia. Agora, despertamos e voltamos à glória que era nossa antes que o mundo existisse. Descobrimos o Todo. Não há tempo ou espaço, agora ou depois, ele ou ela. Há apenas a Realidade eterna fluindo para sempre!

REZE PELO SEU CAMINHO

"O espírito do Senhor Deus está sobre mim; porque o Senhor me ungiu, para pregar boas-novas aos mansos; enviou-me a restaurar os contritos de coração, a proclamar liberdade aos cativos, e a abertura de prisão aos presos; A apregoar o ano aceitável do Senhor e o dia da vingança do nosso Deus; a consolar todos os tristes; A ordenar acerca dos tristes de Sião que se lhes dê glória em vez de cinza, óleo de gozo em vez de tristeza, vestes de louvor em vez de espírito angustiado; a fim de que se chamem árvores de justiça, plantações do Senhor, para que ele seja glorificado." (Isaías 61:1-3)

Nesse capítulo maravilhoso de Isaías, ficamos sabendo o objetivo da Verdade: proclamar liberdade aos cativos, e a abertura das prisões aos presos. "Os cativos" são as pessoas que estão presas pelas correntes das falsas crenças, dos erros e das superstições. Você cria o próprio inferno e paraíso por meio das crenças sobre si mesmo, sobre as pessoas e o mundo em geral. Você pode culpar o mundo, as circunstâncias, as pessoas e o acaso pelo azar, infortúnios e doenças. Quando você vir a Verdade, estará livre, pois perceberá que é mestre do próprio destino e capitão da sua sorte. Você se tornará o que contempla. O seu pensamento e o seu sentimento controlam o seu destino.

Na história sobre as leis da vida, você aprende uma verdade simples e fundamental, ensinada em todas as épocas e encontrada em todas as escrituras sagradas do mundo: "Porque, como imaginou no seu coração, assim é ele." A palavra coração é uma antiga expressão caldeia que significa a mente subconsciente. Qualquer ideia ou pensamento sentido como verdadeiro será subjetificado (coração), e o estado subjetivo do pensamento ou convicção se manifestará no mundo. ("O Mundo" se refere à saúde, ao companheirismo, às finanças e à vida doméstica, na verdade a todas

Como obter resultados com a oração

as instâncias da vida.) A sensação ou convicção dominante que você tem sobre si governa todas as instâncias da sua vida. Disso dependerá o seu sucesso ou fracasso.

Quando você aprende a Verdade, apregoa o dia da vingança do nosso Deus. Na Bíblia, a palavra "vingança" significa o desagravo da Verdade ou a vitória proclamada pelo seu estado de espírito dominante. Por exemplo, se você espera o fracasso, estará no estado de espírito do fracasso. Estados de espíritos criam. Sabendo disso, você consegue mudar o seu estado de espírito para o de sucesso. Você agora espera apenas o melhor, em um estado de espírito de expectativa confiante.

A cura divina se baseia na suposição de que falamos de um centro absoluto: o EU SOU ou Causa Primeira. O tratamento não é condicionado por elementos do tempo como passado, presente ou futuro, nem tampouco por algo que já transpirou. Não seria possível para um metafísico ou um curandeiro espiritual fazer um trabalho eficaz caso julgasse de acordo com as aparências. No capítulo de Isaías, somos instruídos a dar Glória em vez de Cinzas. As cinzas simbolizam o estado velho, gasto, encolhido ou a condição doente. Não devemos ver esse estado negativo, e sim a beleza em nossa consciência. Dessa forma, a beleza vai se objetificar na tela do espaço.

Por exemplo, se uma pessoa mostra um braço ulcerado a um médico e começa a descrever todos os detalhes a respeito (como os inúmeros medicamentos utilizados e o fato de diversos dermatologistas não terem obtido a cura), o ouvinte deverá se condicionar que está escutando o oposto. Ao mesmo tempo, deverá ver um braço que está completo, íntegro e perfeito. Ela está dando Glória em vez de Cinzas. No silêncio, o médico imagina um braço perfeito, íntegro, com uma pele linda, e sente a realidade do que vê dentro de si. Quando ele faz isso com convicção, o que sente como verdadeiro em seu íntimo será visto no exterior, pois "Do mesmo modo que é internamente, será externamente".

Consolar todos os tristes. "Consolar" na bíblia significa praticar a presença de Deus. Se você vir alguém que parece triste, em vez de concordar com ele ou sentir pena, deverá levantar a consciência dessa pessoa. Você vê o Deus naquela pessoa, isto é, vê essa pessoa radiante, feliz e jubilosa. Você visualiza essa pessoa de maneira positiva e entra nesse espírito ou sentimento. Quando você concorda, entra na areia movediça junto com o outro. Já quando você ergue o outro, está pisando em solo firme. Uma maneira simples de ajudar o outro é decretar, de modo emocional dentro de você, que a Vida, o Amor, e a Verdade Dele agora estão preenchendo o corpo e a mente da pessoa e tudo ficará bem.

O óleo de gozo para os tristes deve ser interpretado da seguinte forma: devemos ensinar a todas as pessoas que elas nunca devem sentir luto ou sofrer pelos entes queridos. Ao irradiar as qualidades de amor, paz e alegria para quem fez a passagem rumo à próxima dimensão, estamos rezando pelo ente querido do jeito certo. Estamos levantando o outro em nossa consciência. Isso é o verdadeiro dar o "óleo de gozo em vez de tristeza". Exultamos o novo nascimento deles, sabendo que a Presença de Deus está onde eles estão. E onde Deus está, não pode haver mal.

Se algo for verdadeiro, há uma forma na qual é verdadeiro. Reconheça o fato de que não há morte. Deus não é o Deus dos mortos, mas dos vivos. Por que procurar os vivos entre os mortos? Quando rezamos pelos assim chamados mortos, percebemos que eles fizeram a passagem e estão habitando um estado de beleza e amor, então nós os elevamos, pois eles sentem as nossas preces e, portanto, são abençoados. Nós os deixamos felizes pela prece científica. Através de um estado de espírito interno, nós os enxergamos habitando um estado de beleza indescritível, em vez de imaginar que eles estão mortos para sempre dentro de túmulos. Jamais devemos nos concentrar no estado de espírito ou sentimento de escassez, limitação ou arrependimento.

O escritor desta obra esteve fora do corpo várias vezes. Ele sabe que não somos o nosso corpo e podemos existir além dele. Quando estamos fora do corpo, temos uma visão afastada (ou externa) do corpo, que nos permite ver o nosso corpo e todo o ambiente ao redor. Sempre que a atenção estiver direcionada para essa nova dimensão da mente, estaremos nessa dimensão. Por exemplo, podemos estar em Nova York, mas quando pensamos em Londres ou na África do Sul, vemos tudo o que queremos ver nesses lugares. A visão, quando se está fora do corpo, abrange não só o espaço tridimensional do dia a dia, como também o que está em planos da quarta dimensão ou em dimensões mais elevadas.

Quando você está fora do corpo, pode ver outras pessoas falando com o seu corpo na cama. Elas podem tentar tirá-lo do seu estado de transe. Quando se está fora do corpo, você tem outro corpo, mas ouve e vê tudo. Você tenta se comunicar com quem está no recinto, mas eles não escutam. O único meio de comunicação nessa quarta dimensão é o pensamento. Você sabe que está vivo e que não é o seu corpo. Também sabe que é imortal. Os antigos místicos, que viam através do tempo e do espaço, aconselharam todos nós a dar "glória em vez de cinza, óleo de gozo em vez de tristeza, vestes de louvor em vez de espírito angustiado". Eles sabiam que havia somente Vida e que cada um viveu para sempre.

As vestes do louvor significam o estado de espírito jubiloso, feliz e confiante. Em outras palavras, "louvor" nos mistérios é o estado de espírito exaltado. Diz-se que São Tadeu andou pela Terra com a cabeça e o pescoço cobertos de óleo. O "óleo" simboliza o estado jubiloso. Diz-se que ele andou pela Terra com "o louvor a Deus para sempre nos lábios". Devemos erguer as pessoas na consciência, percebendo que Deus está prosperando essas pessoas em corpo, mente e interesses. Devemos saber que não importa o que eles façam, Deus está agindo. É assim que você dá as "vestes de louvor em vez de espírito angustiado". Há algum tempo, uma mulher veio me procurar e contou que o filho sofria de cretinismo (uma doença glandular). O garoto tinha tomado grandes doses de extrato de tireoide e outros medicamentos glandulares biológicos, sem sucesso. Os médicos o desenganaram. O espírito da mãe estava angustiado. Contudo, mesmo desanimada e deprimida, ela deu ao filho as vestes de louvor em vez de espírito angustiado. Duas vezes ao dia, a mulher meditava da seguinte forma: sentada e imóvel, fechava os olhos e imaginava o filho como deveria ser, isto é, perfeito, radiante, inteligente e feliz. Nesse estado meditativo, ela imaginava ouvir o filho falando que tirou excelentes notas na escola e que estava ficando mais alto. Ela também sentia dentro de si que a Sabedoria e a Inteligência de Deus estavam se acumulando dentro do menino, ungindo intelecto dele e que Deus falava através dele. Ela sentia a emoção desse sentimento. Cinco meses depois, o garoto se recuperou totalmente e confirmou tudo o que ela sentiu como verdadeiro. Ela continuou fiel até o fim. "Aquele que perseverar até ao fim, esse será salvo." (Mateus 24:13).

Devemos ver todas as pessoas como "árvores de justiça", o que significa que devemos ver todos crescendo com justiça e como devem ser. A essência desse ensinamento da Verdade é que devemos encher o coração de Amor e ter compaixão pela humanidade. É por isso que a Bíblia diz que devemos dar glória em vez de cinza. Jesus nunca foi a um funeral, pois acabava com todo funeral que via. Jesus disse: "A menina não está morta!", "Levanta-te, menina!", "Lázaro, vem para fora!" Ele não via o estado morto, só conseguia ver a Vida ali. Ele dava Glória em vez de Cinza. Devemos lembrar que nossos entes queridos e todos os nossos conhecidos na Terra continuam vivendo na próxima dimensão. Por exemplo, um bebê que talvez tenha morrido no útero materno ou vivido por um dia é uma nota ornamental na sinfonia celestial das esferas. Através do Amor, o bebê está unido com a mãe, irmãos e irmãs. Todos nós somos um: os muitos seres humanos, aparentemente separados, são as notas e os acordes da Eterna Sinfonia da criação.

Cada um de nós deve perceber que nossos entes queridos que fizeram a passagem ainda vivem e viverão para sempre. Eles estão habitando a quarta dimensão. Através do Amor, você se unirá a eles.

Você agora entrega a eles a glória em vez de cinza e o óleo de gozo em vez de tristeza, sabendo que estão imersos em Sua Onipresença Sagrada e que Jesus, Moisés, Paulo, Elias, Buda e outros grandes Maestros os guiam pela sinfonia de toda a criação.

O espírito jamais deve morrer.
O espírito nunca cessará.
Nunca o espírito não foi.
Sem nascer e morrer e mudar — Permaneçais espírito sempre.
O banho da morte em nada o alterou.
Embora sua casca morta pareça.

CAPÍTULO 9

As etapas para o sucesso

REALIZE O SEU DESEJO

Para sermos bem-sucedidos, precisamos vestir o traje chamado Cristo. Paulo nos diz como colocar esse traje. Vamos gravar em nossos corações e internalizar as seguintes palavras: "Mas o fruto do Espírito é: amor, gozo, paz, longanimidade, benignidade, bondade, fé, mansidão, temperança. Contra estas coisas não há lei." Quando coroamos essas qualidades na mente e vivemos com elas, descobrimos as verdades eternas e os valores reais da vida. Estes são os poderes, as virtudes e os atributos de Deus sendo expressos na forma humana.

Não importa quem ou o que você é, desde que seja um canal ou um meio através do qual essas eternas melodias de Deus são tocadas. Você é "como o metal que soa ou como o sino que tine". A Bíblia diz: "Porque, como o homem imaginou no seu coração, assim é ele." Nossas crenças e nossos sentimentos subjetivos controlam a nossa vida objetiva. As imagens internas são refletidas na tela externa. Se fosse possível, por exemplo, tirar uma fotografia de nossas crenças ou impressões subconscientes, elas corresponderiam exatamente aos reflexos em nosso mundo.

Nossas experiências, eventos, circunstâncias e condições invariavelmente refletem as convicções sobre nós mesmos, sobre as pessoas, objetos e o mundo em geral.

Jesus disse: "Eu vim para que tenham vida, e a tenham com abundância." (João 10:10). Compreender a verdade nos ensina sobre a herança divina e nos liberta da crença na pobreza, na doença, na velhice, na morte etc. Estamos aqui para levar a vida abundante e expressar a alegria de viver. "Até aqui você não pediu nada, agora peça que a sua alegria possa ser plena." "Na tua presença há fartura de alegrias." "Nele não há trevas."

O sucesso significa uma vida bem-sucedida. Um longo período de paz, alegria e felicidade neste plano pode ser chamado de sucesso. A experiência perene dessas qualidades é a vida eterna da qual Jesus fala.

O que há de verdadeiro na vida, como paz, harmonia, integridade, segurança e felicidade, é intangível. Tudo isso vem do nosso Eu Profundo. Meditar sobre essas qualidades constrói esses tesouros do paraíso em nosso subconsciente, onde "nem a traça nem a ferrugem consomem, e onde os ladrões não minam nem roubam."

Vamos discutir três passos que levam ao sucesso:

No primeiro passo para o sucesso, descubra o que você ama fazer e faça, pois o poder de obter o sucesso está no amor pelo seu trabalho.

Por exemplo, se você é psiquiatra, não basta apenas obter um diploma e colocá-lo na parede. Você precisará se atualizar, ir a congressos, aprender sobre a mente e como ela funciona. Como um psiquiatra de sucesso, você visita clínicas e lê os artigos científicos mais recentes. Em outras palavras, você se mantém atualizado sobre os métodos mais avançados para aliviar o sofrimento humano. Os psiquiatras ou outros médicos de sucesso devem colocar o interesse do paciente em primeiro lugar.

Alguém pode dizer: "Como posso dar o primeiro passo? Não sei o que devo fazer." Nesse caso, peça orientação. Faça esta pergunta simples à Inteligência Infinita dentro de você: "Pai, revele os meus talentos ocultos e guie-me para o meu lugar verdadeiro na vida." Diga isso de modo calmo, positivo e de todo o coração para o seu Eu Profundo. Quando você disser com fé e confiança, a resposta virá como uma sensação, um palpite ou orientação para determinado caminho. Ela virá claramente. Pergunte sem esforço, e a resposta virá. Deus fala em paz, não em tribulação.

No segundo passo para o sucesso, especialize-se em determinado ramo e saiba mais sobre ele do que qualquer outra pessoa. Se você escolheu a química como profissão, por exemplo, perceba que há muitas ramificações nessa área. Você pode dedicar todo o tempo e atenção à especialidade que escolheu. Além disso, deverá ficar empolgado o bastante e tentar saber tudo o que há disponível nessa área. Se possível, você deverá saber mais do que qualquer outra pessoa. Você precisa se interessar com ardor e desejar servir ao mundo. Há um grande contraste nesta atitude mental em comparação à da pessoa que só deseja ganhar a vida ou "apenas sobreviver". "Sobreviver" não é o verdadeiro sucesso. O seu motivo deverá ser maior, mais nobre e altruísta. Você deve querer servir ao outro, jogando pão sobre as águas.

O terceiro passo é o mais importante: é preciso ter certeza de que esse desejo não esteja voltado apenas para o seu sucesso. O seu desejo não deve ser egoísta e sim beneficiar a humanidade. O círculo ou circuito completo deverá ser formado. Em outras palavras, a sua ideia deverá sair com o objetivo de abençoar e de servir ao mundo. Assim, ela voltará para você "recalcada", "sacudida" e "transbordando". Se for para beneficiar exclusivamente você, o círculo ou circuito completo não será formado.

Alguns podem dizer: "Mas o Sr. James fez uma fortuna graças a fraudes com ações de companhias petrolíferas". O indivíduo pode até parecer bem-sucedido por um tempo, mas o dinheiro conseguido por meio de fraudes costuma ganhar asas e voar para longe. Quando fazemos mal ao outro, fazemos a nós mesmos. O outro é você. "Amarás o teu próximo como a ti mesmo." O próximo é você.

Quando roubamos do outro, roubamos de nós mesmos, pois estamos em um estado de espírito de escassez e limitação que pode se manifestar em nosso corpo, vida doméstica e interesses.

Mesmo que a pessoa tenha acumulado uma fortuna de modo fraudulento, ela não será bem-sucedida. Não há sucesso sem paz de espírito. De que serve ter muito dinheiro se o indivíduo não consegue dormir à noite, se está doente ou se sente culpa?

Conheci um homem em Londres que me contou suas façanhas. Ele havia sido batedor de carteiras profissional e conseguido uma grande quantidade de dinheiro. Esse homem possuía uma casa de veraneio na França e levava uma vida de rei na Inglaterra. Contudo, vivia sempre com medo de ser preso pela Scotland Yard e sofria de vários distúrbios internos, certamente causados pelo medo constante e pelo imenso complexo de culpa. Ele sabia que tinha errado, e essa profunda sensação de culpa atraía todo tipo de problemas. O homem cumpriu uma sentença na prisão e depois disso se regenerou completamente: conseguiu um emprego, tornou-se um cidadão honesto e cumpridor das leis. Ele descobriu o que amava fazer e foi feliz.

Pessoas bem-sucedidas amam o trabalho e se expressam de maneira plena. O sucesso agirá em prol de um ideal maior do que a mera acumulação de riqueza. As pessoas bem-sucedidas são as que possuem grande inteligência espiritual. Muitos dos grandes empresários de hoje dependem exclusivamente desse poder.

Soubemos em (Mateus 18:12): "...Se algum homem tiver cem ovelhas, e uma delas se desgarrar, não irá pelos montes, deixando as noventa e nove, em busca da que se desgarrou?" A que se perdeu é Deus ou o Eu Sou.

"Ouve, Israel, o Senhor nosso Deus é o único Senhor."

Deus se perdeu para a humanidade porque acreditamos por incontáveis eras que Ele estava distante de nós. Criamos um Deus à nossa imagem e semelhança, pensando Nele como um Ser impenetrável e tirânico, que vive em algum lugar no céu e pune todas as nossas transgressões. Acreditamos que Deus é para ser temido. Imaginamos um Deus de vingança, e não um Deus de Amor. O tempo todo Deus era a nossa vida e consciência de ser.

A NOSSA CONSCIÊNCIA E ESTADO DE EU SOU É DEUS

A Bíblia chama Deus pelo nome de Eu Sou, que significa existência, vida e ser. O contato com essa Presença Interior é feito com o pensamento e o sentimento, e é para nós o que acreditamos ser. "Quem você diz que eu sou?" Você diria "Sou pobre, fraco, infeliz, um fracasso etc."? Se disser isso, estará chamando o nome de Deus em vão. Você estará blasfemando. Se disser "Estou doente", estará dizendo que Deus não se sente bem, o que é um absurdo. Você deverá dizer: "Sou forte, poderoso, carinhoso, harmonioso, bom, gentil, calmo e iluminado."

A forma de completar a sentença "Eu Sou..." determina se você será bem-sucedido, forte e próspero ou se será fraco, derrotado e cheio de sofrimento. As reações dos outros em relação a você também são determinadas pela forma como você se percebe.

Há alguns anos foi publicado um artigo sobre o magnata do petróleo Henry Flagler, no qual ele atribuiu o segredo do próprio sucesso à capacidade de ver um projeto ser finalizado. Ele fechava os olhos, imaginava uma grande indústria petrolífera, via os trens se movendo sobre os trilhos, ouvia os apitos e até sentia a fumaça. Tendo visto e sentido o fim de sua prece, ele desejou os meios para a realização desses desejos. Se imaginarmos um objeto com clareza, receberemos o que necessitamos "de maneiras que desconhecemos".

Devemos estar dispostos a abandonar nossas ideias preconcebidas, opiniões, teorias, crenças e outras posses, pois agora descobrimos a única verdade duradoura. Após encontrar o Deus interior e nos reunirmos a ele, tudo será adicionado a nós.

Por exemplo, uma pessoa pode ter riqueza, segurança, uma maravilhosa posição social e todas as posses que o dinheiro pode comprar. Sabemos que o dinheiro é servo e não mestre, mas não pode fornecer saúde ou paz de espírito. Essas coisas não estão à venda. Essa pessoa deve "subir a montanha", encontrar a paz e regozijar-se nela. A montanha é o estado exaltado ou "elevado". Elevado nosso desejo ou ideal ao ponto de aceitação sentindo a realidade dele. Em outras palavras, nós nos regozijamos pelo que se perdeu entrando na alegria da prece atendida.

Charles Baudouin, da New Nancy School, destacou em 1910 um método singular para a realização de nossos desejos. Ele afirmou: "Uma forma muito simples de garantir isso é condensar a ideia que será objeto da sugestão e resumi-la em uma frase breve, que poderá ser gravada imediatamente na memória. Depois, ela deve ser repetida várias vezes, como se fosse uma canção de ninar." Essa técnica chama-se "devaneio controlado da New Nancy School".

Relaxe todo o corpo, entrando em um estado sonolento; fixe a atenção no sucesso e depois repita a palavra "sucesso" várias vezes, como se fosse uma canção de ninar, até entrar na sensação de ser um grande sucesso. Ao repetir de todo o coração e carinhosamente a palavra "sucesso", você induz o estado de espírito do sucesso. O seu estado de espírito é criativo, então você vai dormir sentindo-se bem-sucedido. Essa ideia de sucesso será impregnada em sua mente subconsciente, dando a você as ideias de qualidades, amigos, dinheiro e de poder que vão agir em seu nome. A mente subconsciente criará circunstâncias e condições em harmonia com a sua natureza interior.

Considerando esses três passos para o sucesso, nunca devemos esquecer o poder subjacente das forças criativas do espírito humano. Esta é a energia que está por trás de todos os passos em qualquer plano de sucesso. Nosso pensamento é criativo. O pensamento unido ao sentimento vira uma crença subjetiva e "De acordo com a nossa crença será aplicado em nós".

Conhecer um Poder Superior dentro de você que é capaz de realizar todos os seus desejos gera confiança e uma sensação de paz. Independente da área de atuação, você deverá aprender as leis da vida. "Conhece-te a ti mesmo" e o caminho do espírito. Quando você sabe aplicar as leis da vida e o caminho do espírito e está servindo a si mesmo e aos outros, está no caminho certo para o sucesso verdadeiro. Se você estiver envolvido nos negócios do Mestre, Deus, por Sua própria natureza é por nós, então quem

As etapas para o sucesso

será contra nós? Com essa compreensão, não haverá força no céu ou na Terra que nos negue o sucesso.

O desejo é o presente de Deus. É a vida buscando se expressar através de você, porque você é um canal do Divino e está aqui para expressar Deus em pensamento, palavra e ação. Seu desejo básico consiste em expressar a vida, o amor, a verdade e a beleza. Isso é verdade, pois Deus é a sua vida, e a vontade de Deus é a natureza Dele. A tendência da vida é se expressar, pois Deus é idêntico à vida. O Ilimitado não deseja se expressar em qualquer forma de limitação. Portanto, a morte, a angústia ou o sofrimento não são a vontade ou o desejo de Deus para ninguém.

A vida não procura expressar a morte; isto seria absurdo. A vida é plenitude, unidade e integridade em si. A vida sempre se expressa no cosmos como harmonia, saúde, paz, ordem, simetria e proporção. Todo o universo é um cântico de harmonia, refletindo a grande verdade: "A ordem é a primeira lei do céu."

Você pode se questionar: "Talvez meu desejo não seja a vontade de Deus para mim." Se o seu desejo, ideia ou intenção consiste em expressar uma medida maior da vida, e se ele estiver em harmonia com a lei universal do bem, que é unidade, ordem e simetria, então essa é a vontade de Deus para você. O Ilimitado não deseja servidão ou restrição de qualquer tipo. Em termos básicos e fundamentais, a humanidade é boa, pois Deus mora em todos nós. O mal que fazemos acontece por conta de nossas aberrações mentais, medos subjetivos, fobias e complexos.

Sem desejo você não sai da frente de um carro que se aproxima. Graças ao desejo, fazendeiros plantam grãos, milho e todo tipo de semente: é o desejo de alimentar a si, a família e outras pessoas. O desejo de frutificar, crescer e multiplicar faz com que você busque um parceiro e gere uma prole. Isso é bom, muito bom. O desejo é o elemento que nos impulsiona para afrente, para cima e para Deus. O forte desejo de nossos pais e mães fundadores fez dos Estados Unidos o que são hoje: a maior nação industrial do mundo. Henry Ford desejou construir um automóvel e depois teve outro desejo ainda maior: colocar o mundo inteiro sobre rodas. Isso deu emprego a milhões em todo o planeta.

Thomas Edison desejou iluminar o mundo, e hoje conhecemos suas invenções. Sem desejo, a humanidade morreria. Uma mulher me disse uma vez: "Não desejo nada. Tenho tudo. Não devemos desejar." Isso é bobagem. Ela acabou admitindo que desejava uma xícara de café naquela manhã. Vivemos de acordo com o desejo.

Os cidadãos desejaram fazer de Los Angeles uma bela cidade, com parques, praças, belas casas, lojas, fábricas etc. Eles conseguiram e realizaram o sonho. Há milhares de anos alguém desejou lidar com a severidade do clima e fez a primeira casa de pedra ou madeira. Tudo isso começou com o desejo, que geralmente é citado como fonte e origem de todas as ações.

Quando você fala com sua mãe, é com base no desejo de falar com ela. Quando você dá um beijo de boa-noite em seu filho, é o desejo de mostrar o seu amor e abençoar a criança.

O desejo é o início, e a manifestação é o fim. Quando você está doente, deseja a saúde. Quando está confuso, deseja paz de espírito. Uma pessoa atingida pela pobreza deseja a riqueza. O seu desejo é a voz do seu salvador. Quando você olha para o seu desejo, está encarando o seu salvador. O seu desejo, quando realizado, é o seu salvador (a sua solução) ou salvação. Não realizar um desejo causa frustração, infelicidade e doença. Continuar a desejar algo de manhã, à tarde e à noite por um período prolongado sem conquistar o objetivo ou a resposta traz o caos e a confusão para a vida.

O desejo de ser maior do que se é vem quando você está pronto. A aceitação do desejo traz paz. Ao unir-se conscientemente ao seu desejo na paz e na compreensão, a manifestação desse desejo aparecerá.

Um engenheiro na Inglaterra me disse uma vez: "Não consegui cumprir três tarefas que me deram. Fracassei completamente." Esse homem começou a ver que ele temia e esperava o fracasso, então mudou completamente a atitude mental e admitiu: "Tive fé no fracasso. Deste momento em diante minha fé será no sucesso." Seu

As etapas para o sucesso

lema virou: "Tudo o que eu puder conceber e acreditar ser possível, serei capaz de conseguir." Grave essa citação em seu coração e a escreva dentro de você.

Sim, tudo o que você puder conceber, você poderá conquistar. Esse engenheiro começou a perceber que havia um Poder Superior dentro dele, ao qual ele podia recorrer. Ele começou a encontrar as respostas, a força e a sabedoria de modo a realizar objetivos para os quais já não possuía mais esperança. Ele passou a ter fé e esperava o sucesso. Como a fé é contagiosa, todas as pessoas que trabalhavam sob o comando dele ficaram igualmente imbuídas com a ideia de sucesso.

Vou falar agora sobre a jovem Mary, que me visitou após ouvir uma de minhas palestras no hotel Park Central, na cidade de Nova York. Ela me fez a antiga pergunta: "Como posso aprender a acreditar em mim mesma?"

Lidamos com todos os níveis de consciência, e eu encontrei a garota em um nível específico. Respondi com uma pergunta simples: "Do que você mais precisa neste momento?"

Sei que alguns leitores deste livro diriam: "Quero o conhecimento de Deus, a verdade, a sabedoria e a compreensão." Este, claro, é o desejo superior, mas a resposta dela foi: "Uma máquina de costura!"

O próximo passo foi ensiná-la a conseguir a máquina de costura. Expliquei que uma máquina é uma ideia na mente de Deus.

Então, Mary fez o seguinte: uma noite, sentou-se no sofá, ficou quieta, relaxou, acalmou a mente e imaginou uma máquina de costura na sua frente. Sentiu a realidade e a solidez da máquina e a utilizou na imaginação. Ela foi dormir agradecendo ao Pai.

A consequência dessa prece foi interessante. Uma senhora, que morava no mesmo condomínio, bateu à porta de Mary e perguntou se ela queria a máquina de costura que estava doando, pois ia viajar para a Flórida em lua de mel. Mary aceitou!

Após ver a prova, Mary disse: "Isso funciona!" Agora, ela queria uma tapeçaria para colocar na parede, que também veio como resultado de suas preces. "Da mesma forma, eu também posso virar uma grande dançarina", pensou. Sabemos que, para imaginar algo, devemos construir a natureza e o caráter do que foi imaginado em nossa consciência. Construímos isso em nossos sentimentos. Os sentidos de Mary negavam que ela era uma grande dançarina, mas ela sabia usar a lei que lhe deu fé e confiança. A compreensão da lei permitiu que ela demonstrasse seus desejos. Não era mais uma fé cega nascida da ignorância, e sim uma fé nascida da compreensão divina. Ela sabia que qualquer ideia sentida como verdadeira fica subjetificada, e a mente subconsciente geraria isso de alguma forma. Ela também sabia que esta lei reagia a ideias negativas, bem como a pensamentos positivos. Mary aprendeu que a mente subconsciente era como um espelho. Qualquer imagem ou ideia posta diante dele seria refletida.

Sabemos que ideias negativas não ferem ninguém, a menos que sejam energizadas por uma carga de medo. Da mesma forma, boas ideias ou pensamentos não vão fazer o bem, exceto se os sentirmos como verdadeiros em nosso coração.

Mary andou pela Terra sabendo e acreditando que era uma grande dançarina, criando assim uma atmosfera mental ao seu redor, que atraiu para ela todas as qualidades e atributos necessários para a realização desse sonho. O dinheiro, os amigos, os professores, as pessoas com quem fez contato e tudo o que era essencial para o desenvolvimento e o progresso de Mary foram atraídos por ela. No momento certo, ela foi contratada por uma academia de dança e tornou-se formadora de professores.

Tudo o que você imaginar e construir em seu sentimento ficará guardado dentro de você e também na tela do espaço. Você precisa sustentar essa imaginação, e invariavelmente testemunhará a manifestação dela. "A fé é o firme fundamento das coisas que se esperam, e a prova das coisas que se não são vistas."

A fé da qual falamos é a sua palavra, é a convicção e a crença interna que não retornarão vazias. Ela é a prova das coisas que não são visíveis. Você não vê uma convicção inabalável e inalterável, mas ela é a sua prova ou profecia que se realizará. Os estados de consciência sempre se manifestam.

As etapas para o sucesso

Você pode "chamar" uma máquina de costura ou um piano como se estivesse ali, imaginando e sentindo a realidade, a naturalidade e a solidez do objeto em sua sala agora. Você pode começar a tocá-lo com a mão imaginária saindo das profundezas de si e colocar-se em ação. O não visto se transformará em visto de jeitos que desconhecemos. Não é maravilhoso? O nome Dele é Maravilhoso.

A condição primeira afirmada por Jesus foi a fé. Desenvolver uma fé maior nos permite excluir todos os argumentos, desafios ou questionamentos da mente analítica e consciente e confiarmos no poder da mente subconsciente.

Quando os cegos vieram até Jesus, este "tocou então os olhos deles, dizendo: Seja-vos feito segundo a vossa fé. E os olhos se lhes abriram". Esses versículos do nono capítulo do livro de Mateus são uma excelente técnica de tratamento. A Bíblia nos dá várias técnicas, mas vamos discutir especificamente esta: "Seja-vos feito segundo a vossa fé." Aqui, vemos Jesus apelando para a cooperação da mente subconsciente dos cegos. Trata-se de uma técnica muito antiga de cura. Os cegos se encontram em um estado de espírito profundo de expectativa e júbilo. Eles estão carregados com uma grande fé e crença. As palavras ditas por Jesus são completamente aceitas por eles, e a mente subconsciente lhes dá a visão perfeita. "E o que formou o olho, não verá?" Em toda cura devemos negar complemente as evidências dos sentidos, rejeitando o veredito e a opinião dos outros. Devemos perceber que tudo é possível com Deus, que tudo é possível aos que creem. Nós amplificamos a possibilidade de dar à luz a criança morta ou o desejo dentro de nós. Ele pode ter sido congelado e atrofiado em nós por meses, mas o estado de Eu Sou ou Consciência é capaz de ressuscitar e deixar vivo e visível o que somos convencidos de que é verdade em nossa mente. Enquanto lê este livro, você pode dizer: "Bom, eu tive uma ambição por toda a vida que não se materializou. Isto é uma criança morta. O que devo fazer?" Afaste quem lamenta ou debocha. Em outras palavras, afaste-se das evidências dos sentidos, abandone o seu conceito limitado de si e perceba que você pode ser, fazer e conquistar o que o coração desejar aplicando este princípio.

O oitavo capítulo do livro de Lucas diz que Jesus levou Pedro, Tiago, João, o pai e a mãe da criança morta até a casa. O seu filho ou desejo pode estar morto, se você não conseguir senti-lo. (Outros debocham porque não podem ver ou compreender o funcionamento da lei.) O pai e a mãe representam o seu estado de Eu Sou, que é o pai e a mãe de todas as ideias. O pai é a ideia, e a mãe é a sensação de estar unido a esta ideia.

Agora você chama Pedro, que significa a fé absoluta no Deus Único. Você está chamando Pedro quando reconhece o seu estado de Eu Sou, percebendo que é Deus e Onipotente. A sua fé inabalável é no Deus único e verdadeiro, e isto é Pedro.

Tiago significa o uso correto da lei. Isso quer dizer que você não julga de acordo com as aparências, preferindo contemplar a solução ou a resposta Divina. Então você chama João, o irmão de Tiago, que é a qualidade do amor dentro de você. Isto é, você se apaixona pelo desejo e se une a ele.

João representa um estado de prece. A prece consiste em reconhecer a nossa Inteligência Divina: se fez um olho, por que não pode fazer outro? Sim, o Deus-Eu pode criar outro olho, perna ou ouvido, mas isso acontece mediante uma condição: é preciso acreditar. Se você acredita, pode ser feito. Então, segundo a vossa crença, será feito? Podemos citar o exemplo do rinoceronte: quando ele perde o chifre, cresce outro no lugar. Ele não sabe que não pode fazer isso.

Quando os olhos dos cegos se abriram, Jesus os ameaçou e disse: "Olhai que ninguém o saiba." Esta é outra verdade psicológica profunda. Quando você recebe uma cura, deve evitar se abrir ao ceticismo pejorativo e depreciativo dos descrentes que podem desfazer o bem que foi feito. O mundo tende a ridicularizar, debochar e rir dessas situações. É por isso que Jesus proíbe os recém-curados de dizerem algo. Sabemos que muitas pessoas sempre falam de suas operações, antigos fracassos, falências etc. Isso é destrutivo, pois elas estão repetindo um padrão ou ciclo.

Alcoólatras que foram curados devem parar de falar sobre a antiga condição. Quanto mais eles falarem nisso, mais real fica a

As etapas para o sucesso

doença. Eles estão se reinfectando. "Não vos lembreis das coisas passadas, nem considereis as antigas." (Isaías 43:18). Se o seu dedo está se curando ou se estiver totalmente curado, você pega um prego enferrujado e se infecta novamente? Não, você deixa o dedo em paz. Por isso, o comando "olhai para que ninguém o saiba" é bastante correto.

Quando Jesus disse às pessoas na casa de Jairo: "Disse-lhes: Retirai-vos, que a menina não está morta, mas dorme. E riam-se dele. E, logo que o povo foi posto fora, entrou Jesus, e pegou-lhe na mão, e a menina levantou-se." (Mateus 9:24, 25). Da mesma forma, você deverá afastar todos os que reclamam, choram e debocham. Eles representam os pensamentos negativos que habitam sua mente. Você deverá purgar a mente de todas as falsas crenças e opiniões, pois é a mente consciente que argumenta. Quando você conseguir entrar em um estado psicológico fixo, sabendo com uma certeza interna que o seu ideal está incorporado em você, então estará rezando positivamente. O desejo passa, pois agora você teve uma realização. Você está em paz e, em pouco tempo, dará à luz a sua ideia. Você deu o comando, que é a sua convicção. Você descobriu que, ao permanecer fiel ao seu ideal, sabendo e acreditando que o Todo Poderoso produzirá, o seu ideal passou a ser visível na tela do espaço e você diz: "Deem de comer a ela", dando atenção à sua manifestação. Você se regozija nela, agradece e continua a nutri-la. Esta manifestação vai crescer, e você irá de uma glória a outra.

Você acredita no Eu Profundo agora e o reconhece completamente. Você tem fé absoluta em seu Poder, rejeitando as evidências dos sentidos e contemplando a realidade do seu desejo. Você agora está se apaixonando pelo seu desejo e continua a amá-lo. Você descobre que sua ideia está impregnada de amor, é invencível. Você está em paz, pois emitiu o comando: "Levanta-te, menina." Ele não será em vão.

CAPÍTULO 10

As rodas da verdade

"E ele lhe disse: Filho, tu sempre estás comigo,
e todas as minhas coisas são tuas." (Lucas 15:31)

A ESFINGE

"E a semelhança dos seus rostos era como o rosto de homem; e do lado
direito todos os quatro tinham rosto de leão, e do lado esquerdo todos
os quatro tinham rosto de boi; e também tinham rosto
de águia todos os quatro." (Ezequiel 1:10)

A fim de se manifestar, houve uma emanação do Absoluto em dois
fluxos de consciência chamados Pai e Mãe. A Mãe geralmente é
citada como o grande mar de substância ou luz no qual o Pai se re-
fletiu. A palavra "mare" ou "mar" às vezes é chamada de "Virgem
Maria." Portanto, o primeiro passo da manifestação foi o Ser Único
virar tanto masculino quanto feminino.

Temos uma mente consciente (masculina) e uma subconsciente
(feminina), que são apenas duas fases de uma consciência universal
especializada ou individualizada. Pareceria confuso se referir a Deus

Liberte o poder do seu subconsciente

como Mente, exceto se esclareceremos o que queremos dizer com Mente. A mente subjetiva é o Deus em nós. A mente consciente raciocina, analisa e investiga. Em outras palavras, a mente consciente está constantemente mudando, e Deus não muda. Ele é o mesmo ontem, hoje, e o mesmo será para sempre. Consequentemente, o que muda não pode ser designado verdadeiramente Deus.

Pressupor a investigação de algo é negar a Onisciência e Inteligência Ilimitada do Ser Único. É verdade, claro, que tudo é Deus. No entanto, para fins de esclarecimento achamos necessário distinguir as duas fases da consciência. A meditação ou ideação, portanto, não faz parte das funções da mente subjetiva. Tudo no mundo foi feito pela autocontemplação do Espírito, pois há apenas Espírito, que pode ser definido como o grau mais alto da matéria. E a matéria, por sua vez, pode ser definida como o grau mais baixo do Espírito. Para explicar de modo mais simples, tudo no mundo, como os elementos, os sóis, as estrelas, as árvores e até o infinito são apenas diferentes graus de condensação da Luz Sem Limites. "Eu sou a luz do mundo." (João 8:12). Não há nada além desta luz, às vezes chamada pelos cientistas de mar de energia cintilante, eternamente girando sobre si mesma. Olhamos para o espaço e ele parece vazio, mas essa luz radiante ou energia está eternamente girando sobre si mesma.

Os antigos se referem a Deus como um Círculo que não tem início nem fim, sem rosto, forma ou imagem, ilimitado, atemporal, sem espaço e som, às vezes chamado de Silente Imóvel. Deus deseja Se expressar, resultando em movimento ou atividade. Portanto, a velocidade original ou o centro de movimento perpétuo flui a partir da consciência de Deus, e todas as outras vibrações ou movimentos no Universo são apenas modificações deste movimento original. Vamos olhar esta questão de modo muito simples. Deus se torna humano concebendo-Se como humano. "O mundo não foi criado, mas produzido." A palavra "produzido" significa adquirido pelo ser. Portanto, estritamente falando, nada é feito ou criado: é apenas Deus se transformando em tudo o que Ele concebeu no estado incorpóreo. No primeiro capítulo do Gênese, lemos sobre o homem

As rodas da verdade

incorpóreo ou Deus ou Adão (os três significam o mesmo, pois há apenas um homem, nada além do homem) sentindo a Si mesmo como sendo tudo (terra, ervas, grama, árvores, peixes, aves, mares, estrelas, sóis e luas) e ao mesmo tempo nada em particular desejou Se expressar ou particularizar. No primeiro capítulo, o Gênese define a história do homem que estava no paraíso, um estado sem desejo. "Estiveste no Éden, jardim de Deus; de toda a pedra preciosa era a tua cobertura" e querendo Se expressar, ele concebeu um mundo de sóis, luas, estrelas, mares, continentes e tudo que está contido neles.

Essas eram apenas ideias ou arquétipos, que não foram objetificados na tela do espaço até Ele virar humano ou limitado por desejos. A humanidade é ao mesmo tempo condicionada e não condicionada, onde o estado não condicionado é Deus ou o Absoluto, e o condicionado é Deus Se definido como humano. A humanidade é Deus limitando-se ao se conceber como humano, o Atemporal agora está concebendo no tempo, o Ilimitado agora concebe fronteiras e limites, o Sem Espaço concebe no Espaço.

Nós esquecemos que o mundo inteiro é nosso e lutamos por alguns metros quadrados. No segundo capítulo do Gênese, surge Adão, o primeiro humano, e tudo que é mencionado no primeiro capítulo vem depois, como se fossem apenas pensamentos de Adão. A terra está aqui para que caminhemos nela, e existe porque a sonhamos até que ela se torne realidade. "Que é o homem mortal para que te lembres dele?" (Salmos 8:4). A mente de Deus está repleta do homem, não há nada além do homem e tudo é a extensão desse homem.

Quando as pessoas decidirem que não precisam mais de peles para se aquecer, todos os animais de pele desaparecerão. No futuro próximo, todas as pessoas vão comer carne sintética, consequentemente, todos os rebanhos de gado, ovelha etc. gradualmente vão se extinguir. Os dinossauros desapareceram e seus fósseis podem ser vistos nos museus pelo mundo. O motivo para esse desaparecimento é que eles não eram mais úteis nem tinham mais traços ou características que lembravam aqueles animais ferozes. Quando os estados dissimulados, engenhosos e enganosos da raposa morrerem, ela também desaparecerá. Isso é verdadeiro para todos os animais, pois eles são apenas extensões no espaço dos estados de espírito humanos. Na antiga mitologia grega, a Esfinge propunha um enigma a todos os que chegavam, e quem não respondesse corretamente morria. O enigma era: "O que anda em quatro pernas, em duas pernas e em três pernas?" A resposta deveria ser: "O homem", pois ele engatinha quando bebê e anda ereto com as duas pernas até a hora em que usa uma bengala ou muleta como apoio quando fica muito velho e fraco. Essa explicação não é a correta. O significado interno é o seguinte: a maior parte da raça humana ainda está andando em quatro pernas, significando que temos uma mente mundana, atendemos às nossas paixões e apetites e nos esquecemos das leis da vida e do caminho do espírito. O animal de quatro patas é a pessoa sensorial que vive para comer e apreciar os prazeres da carne, significando também as pessoas dos cinco sentidos, que andam pela Terra acreditando no que veem e pensam que a segurança está na acumulação de rique-zas e objetos mundanos. Eles são o tipo de pessoa que se esqueceu de acumular tesouros no céu e banquetear-se no estado de espírito da paz e felicidade interior, estabelecendo assim o reino do céu na terra. Apenas os poucos que estão andando eretos descartaram a natureza animal, amadurecendo e atingindo a maturidade. Apenas essa pequena minoria anda pela Terra apoiando todo o peso na bengala da intuição no Cristo interior.

A Esfinge é a consciência não condicionada, a percepção não con-dicionada dentro de nós. Esse é o centro da Esfinge ao nosso redor em torno da qual tudo gira. Ela permanece impassível enquanto a roda das personalidades gira sem parar. A Esfinge é a síntese dos quatro animais de Ezequiel mencionados no início deste capítulo, que são tanto masculinos como femininos, como era o Absoluto antes de ter Se emanado em Pai e Mãe para fins de manifestação.

Dentro de você, leitor, o Universo passou a existir, está estabele-cido e se extingue. A humanidade é dual. Somos tanto Deus quanto humanos. Deus é a consciência não modificada ou percepção

As rodas da verdade

sem forma. Esta consciência não modificada agora se modifica e se transforma em humana. Somos a projeção das crenças incorporadas em nossa consciência. Da mesma forma que a onda do oceano é uma projeção do conteúdo do oceano e volta para as profundezas de onde veio, no fim das contas nós voltamos à grande profundeza e nos unimos ao Todo. Quando despertarmos do sonho ou da ilusão da separação, descobriremos que não é usurpação fazer a obra de Deus na forma humana. Descobriremos Deus, o único Ser que há, e que estivemos sonhando um sonho não eterno.

A visão sobre a qual o primeiro capítulo de Ezequiel fala, representando os quatro Animais Sagrados e a Roda dentro das Rodas, é explicada da seguinte forma: o ponto, "Yod", é o primeiro círculo. Um ponto não tem dimensão, o que representa Deus ou a nossa consciência não condicionada, a percepção sem espaço e sem forma. O próximo círculo é o mundo criativo, o terceiro é o mundo formativo, e o quarto círculo representa o mundo físico como o vemos. Os quatro animais também representam as quatro letras hebraicas do nome Jeovah, "I.H.V.H.", o nome pelo qual tudo é criado. A primeira letra, Yod, representa a águia ou escorpião. A águia é um pássaro que paira sobre a tempestade e a tormenta, onde o céu está azul e limpo. Além disso, a águia olha diretamente para o Sol e não fica cega, representando a mossa percepção de que o centro da Causa e da Onipotência está dentro de nós. A próxima letra, He, é a capacidade de conceber a nossa visão ou ideal, simbolizado pelo leão, que representa nosso desejo. A terceira letra, Vav, representa um prego ou cimentar um estado fixo. Esta letra é representada pelo anjo ou Aquarius, que significa meditação ou banquetear-se na realidade do estado desejado. Significa atualizar a ideia na consciência. Em outras palavras, é a sensação de ser o que desejamos e a sensação de fazer o que desejamos. A última letra, He, simbolizada pelo touro, é o estado manifesto ou a objetificação do que foi sentido de modo subjetivo e internamente.

Para resumir, os quatro animais mencionados são a fórmula perfeita para a prece. A prática deste método vai fazer com que você perceba o seu maior desejo. Primeiro você percebe que a consciência é o Deus Todo Poderoso, centro da Onipotência, reconhecendo totalmente o poder interior. O segundo passo é a nova concepção de si, o seu desejo ou objetivo na vida, o que você deseja ser ou fazer. O terceiro passo é a sensação que une o desejo consciente ao objeto do desejo. O quarto passo é a manifestação física do que foi sentido dentro do não visto ou no interior de si mesmo.

Podemos aprender uma lição com a natureza. A semente, o solo, a essência criativa resultam na árvore, planta ou fruto, dependendo do caso. Outro exemplo da eterna trindade através da qual tudo é criado consiste no hidrogênio e o oxigênio somados à faísca elétrica que os une, gerando o produto resultante: água.

Há quatro etapas para o desdobramento de todas as ideias. Suponha, por exemplo, que o seu principal desejo na vida seja ser um ótimo músico que vai trazer felicidade para milhares ou milhões de pessoas. Faça a si mesmo a simples pergunta: "Posso sentir agora a naturalidade de ser um ótimo músico?" Entre no estado de espírito da alegria de realmente ser esse músico. Você pode fazer isso apagando todas as evidências dos sentidos e contemplando silenciosamente a realidade do estado desejado. Enquanto medita desta maneira, você vai descobrir que chegará a hora em que este estado se fixará na consciência, e todas as qualidades e atributos necessários serão ressuscitados, pois eles sempre estiveram dentro de você.

Tudo o que vemos ao nosso redor está em processo de mudança. Um fluxo constante impregna a natureza. Como o que é formado está constantemente retornando ao Sem Forma, o que muda não pode ser real, pois Deus não muda. Ele é o mesmo ontem, hoje, e será o mesmo para sempre. Vemos a ilusão e acreditamos que seja real, mas na essência ela é invisível. "Ver" o real é se unir a ele. Estamos aqui pelo único motivo de crescer e, neste crescimento, descobrir e despertar para o verdadeiro Eu.

Todos os nossos pensamentos devem ser círculos ou laços de amor. "Não entenderam que eu os curava. Atraí-os com cordas humanas, com laços de amor." (Oséias 11:3, 4). Para formar este círculo perfeito,

As rodas da verdade

devemos pensar em harmonia com o Uno, o Belo e o Bom. Às vezes isso é descrito como estar "em sintonia com o Infinito". Não somos compelidos a amar, mas temos liberdade para amar. O amor é espontâneo e jubiloso, e temos a capacidade de fornecer ou retê-lo. Não há compulsão de amar. Contudo, não existiria alegria a menos que conhecêssemos o oposto. Como poderíamos vivenciar a alegria sem conhecer a tristeza? Se fôssemos compelidos a amar, isto não seria amor, pois o amor deve ser entregue livremente. É possível fingir amor devido à necessidade ou uma noção de dependência, mas isso não é amor. Deus Se expressa como vida, amor, beleza, ordem, simetria e proporção. Quando nossos pensamentos estão em sintonia com o Infinito, eles formam um círculo ou circuito perfeito e voltam para nós, "recalcados", "sacudidos" e "transbordando". Quando nossos pensamentos são negativos, como acontece quando cedemos à tentação do cinismo, das críticas, da inveja ou da pena por nós mesmos ou por outra pessoa, não estamos em sintonia com o Infinito. Consequentemente não há polaridade, e o círculo de bem não é formado. O dínamo parou.

Como estudantes da Verdade, devemos perceber que cada escassez, limitação ou circunstância adversa é resultado de estados de espírito negativos recebidos que retratam a fraqueza em nós e, como você sabe, a fraqueza é simplesmente ausência de força. Ela vem do nada e não é nada. O remédio consiste em perceber que o centro da Onipotência está em nós e, ao aquietar a mente, perceber com calma que toda a força e energia necessárias para superar qualquer situação agora são nossas. Este é o conhecimento interno e silencioso do místico que é humilde diante de Deus e orgulhoso diante de outras pessoas. Saímos da meditação como um fio desencapado, carregados com energia suficiente para derreter toda a discórdia, dissolver todo ódio e secar todas as lágrimas.

Jesus vai da Galileia para a Judeia e da Judeia para a Galileia. Isto é simplesmente a união entre a mente consciente e a subconsciente no sentimento. A ideia que se mantém na mente consciente (Jesus) pode ser jogada na Judeia ou mente subconsciente se você sentir realidade dela. A mente subconsciente dá forma à impressão feita nela de maneiras que não conhecemos. Assim, tudo é manifestação. Quando nosso desejo ou ideal aparece na tela do espaço, trata-se do retorno de Jesus à Galileia. Isso significa que agora estamos conscientemente despertos da objetificação do nosso desejo. No mapa, essa jornada se parece muito com um círculo perfeito, simbolizando a roda eterna da Lei. Uma bateria é formada conectando-se polos opostos de zinco e cobre, formando um circuito que produz energia. Esse processo se repete quando meditamos. Um pensamento deve ser carregado de energia ou emocionalizado pelo amor. Em outras palavras, devemos nos unir ao nosso ideal, sentindo a realidade do estado desejado em nós. Essa é a polarização do pensamento ou a roda dentro das rodas.

Então, quando começamos a rezar cientificamente e descobrir o nosso poder tocando a Realidade interior, vamos de uma glória a outra até finalmente morrermos para todas as crenças e limitações do mundo e voltarmos ao paraíso. Devemos aprender a fechar os ouvidos para a confusão que nos cerca. Vamos abrir a audição interior e aspirar ardentemente. Deus fala para nós: "Fala, Senhor, porque o teu servo ouve." (1 Samuel 3:9). Esse impulso que nos manda atrás Dele é a nossa busca pelo Eu Interior, Eu Verdadeiro ou Cristo. Estamos para sempre ligados ao Uno. Somos rodas dentro da roda que não se move. O que é um dia, mês, ano, uma vida ou mil vidas? O tempo cessa para os que se voltam para dentro, visando à Sabedoria, o Poder e à Glória. A jornada será esquecida quando alcançarmos o Objetivo. Existe profundamente em nós algo que lembra a nossa origem e nos impulsiona de volta para ela. Nossa missão e propósito nesta vida consistem em valorizar, aumentar e glorificar esta memória, seguir sinceramente o impulso interior até esta chama crescer através do cultivo, virar luz e nos preencher de modo que nos identifiquemos com ela.

Agora podemos começar a nos unir ao Todo, praticando diariamente o relacionamento perfeito entre o consciente e o subconsciente. Sabemos que Eva, o subconsciente de Adão, foi tirada da costela enquanto ele dormia. Como todos sabem, trata-se de uma alegoria, cujo significado se mostra óbvio: é durante o sono que o subcons-

As rodas da verdade

ciente aparece. Ela vem da costela dele. As costelas simbolizam a proteção, porque protegem os órgãos vitais do corpo. Isso apenas retrata a natureza protetora do subconsciente. Durante o sono, Eva assume a função de instrutora. O subconsciente alimenta o corpo, que segue o processo interno do qual a mente consciente está totalmente alheia. Diz-se que Eva deve se sujeitar a ele para o bem ou para o mal. Nosso subconsciente era perfeito no começo, mas nós os poluímos e, da mesma forma que nós o degradamos e abusamos, podemos purificá-lo por meio de nossos pensamentos e estados de espírito. "Ela foi servil ao marido todos os dias de sua vida." À noite ela fala com ele, assume o controle e, de acordo com o estado de espírito dele antes de adormecer, ela aprecia (se os pensamentos dele forem sobre o bom e o belo) ou tem experiências desagradáveis, se ele foi dormir em estado de espírito turbulento. Neste caso, Eva está simplesmente indicando que ele administrou a situação de forma incompetente. Ela também o instrui, orienta e diz o que lhe agrada.

Devemos aprender a ter apenas o ideal mais exaltado e entronizar a paz e a felicidade como estado de espírito predominante, pois ao sustentar esse estado de consciência tiramos as ervas daninhas do nosso jardim, onde crescerão apenas flores adoráveis.

A prece eficaz vai mudar todas as dúvidas, os medos e outros estados negativos que estejam espreitando no subconsciente devido a erros anteriores e superstições. Devemos ser o amante perfeito e dar toda a atenção e dedicação ao subconsciente em vez da mente consciente. Não devemos nos confundir e misturá-las, mas precisamos aprender a diferenciá-las. Se aquietarmos a mente e entrarmos na sensação de amor e paz, perdoando todas as pessoas por colocar fardos de ressentimento no Cristo interior, então estaremos livres. Neste estado de espírito meditativo de paz e alegria, podemos inclinar o ouvido para Eva, e ela falará com segurança interior ou através do que é conhecido como a voz calma da intuição. Ela nos dirá para onde ir e o que fazer, sendo um verdadeiro farol a nossos pés. Ela pode nos aconselhar em sonho, mostrando a finalidade de algo. Por exemplo, se temos medo de uma doença, ela pode dramatizar nosso estado de espírito em um sonho, no qual nos vemos no hospital, atendidos por médicos e enfermeiras. Contudo, não existe destino inexorável, e este sonho pode ser explicado facilmente. O subconsciente raciocina apenas de modo dedutivo, tirando uma conclusão a partir do medo da doença que o indivíduo tem e ela dramatiza este medo em um sonho. Contudo, é possível mudar o sonho e neutralizar completamente o medo através de uma contrassugestão de saúde dada ao subconsciente. Podemos entrar no estado de espírito no qual a saúde perfeita agora é nossa e sentir a alegria da saúde radiante e paz ou no estado de espírito meditativo e relaxado, sempre sugerindo com convicção a palavra "saúde" pouco antes de dormir e continuar repetindo esta palavra, até pegarmos no sono. Este método vem sendo utilizado por vários alunos meus com excelentes resultados na superação de várias doenças crônicas.

Desconhecida e insondável é a grande profundeza do Ser interior. Neste Nada, surge a Eterna vontade Deus, e então o Nada aparece como Algo. Essa é a eterna roda da lei.

SINTONIZAR

"Eu glorifiquei-te na terra, tendo consumado a obra que me deste a fazer. E agora glorifica-me tu, ó Pai, junto de ti mesmo, com aquela glória que tinha contigo antes que o mundo existisse." (João 17:4, 5)

"Antes que o mundo existisse, EU SOU, antes de Abraão existir, EU SOU, quando tudo cessar de existir, EU SOU."
"Para que todos sejam um, como tu, ó Pai, o és em mim, e eu em ti; que também eles sejam um em nós." (João 17:21)

Terminamos o trabalho quando percebemos que a humanidade está dentro de nós. Como a linha, surgimos como uma série de pontos. O ponto não tem dimensão e se transforma em linha,

As rodas da verdade

nossa primeira dimensão. Quando a linha se dobra, temos duas dimensões. O espaço ou plano não é consciente da linha. A superfície se move pelo espaço em uma dimensão não contida dentro de si e se torna um cubo. Esta é a terceira dimensão. O cubo não tem consciência dos lados, cada lado vê o outro como separado de si. Quando um lado se une ao cubo, ele não vê os outros lados, pois o cubo tem consciência apenas de ser um cubo, não tendo consciência dos lados.

Deus não tem consciência dos católicos, judeus, protestantes, muçulmanos ou budistas. Ele apenas ouve e vê em segredo, portanto nós O conhecemos apenas quando O tocamos em silêncio com nosso sentimento. Devemos ter consciência de que somos um com Deus, então não veremos e nem poderemos ver outro. Somos os trajes do Ser Único que se move pela ilusão do tempo e do espaço. Todas as estrelas, planetas, sóis, tudo é extensão no espaço do Ser Sem Espaço ou da Consciência Sem Forma dentro de nós. Portanto, se a nossa essência primal é Deus, Ele está em toda parte na mente e não há lugar onde Ele não esteja.

Esta vida é a ilusão do tempo e do espaço com base na crença dos sentidos. Quando meditamos sobre a Verdade, abandonamos todos os valores mundanos e as posses. Tudo isso perde o valor. Damos valor a objetos temporais em oposição à eternidade porque eles dão a impressão de permanecer sólidos ou fixos, como a conta no banco, joias ou casas. Acreditamos que nosso lar estará no mesmo lugar quando voltarmos para ele, e essas crenças são confirmadas.

No futuro, quando desenvolvermos o uso da mente (é cientificamente comprovado que a grande maioria da humanidade não usa um décimo da capacidade mental), seremos capazes de derrubar o tempo e o espaço. Então, uma pessoa que vive em Nova York poderá estar instantaneamente em São Francisco ou em qualquer outra parte do mundo. Nenhum meio de transporte será necessá-

Liberte o poder do seu subconsciente

rio. Por mais difícil que possa parecer, ao longo dos tempos isso foi conseguido pelos iniciados. Jesus não andou sobre as águas, atravessou portas fechadas, transportou-se e apareceu para os discípulos quando quis? Ele não era condicionado pelo tempo, espaço ou as leis da gravidade.

Mudaremos o peso atômico e a estrutura de qualquer substância. Por exemplo, seremos capazes de alterar instantaneamente o peso atômico de um piano, fazer com que ele passe pelo buraco de uma agulha e depois devolvê-lo à antiga forma. "Tudo é possível ao que crê." (Marcos 9:23). Tudo, não algumas coisas.

Todos nós viemos do Absoluto e voltamos ao Absoluto quando lembramos quem somos e morremos para todas as crenças e superstições do mundo. Quando alguém morre, esta pessoa continua vivendo em você, leitor. Este estado de consciência está dentro de você. Deus sonhou-Se como humano, agora devemos despertar e voltar para a Glória que era nossa antes que o mundo existisse. Todos os elementos e minerais dos quais falamos são modificações da luz, simples energia congelada ou extensões dos pensamentos do homem.

Dizemos que determinadas raças e tribos são selvagens, mas esses povos primitivos podem enviar mensagens telepáticas sem rádios ou fios. Eles trazem chuva quando desejam e derretem neve com a energia do corpo. Acreditamos que água quente é a melhor forma para derreter a neve na frente da porta. Na verdade, não acreditamos. Gostamos de acreditar, queremos acreditar, mas não acreditamos. Quando acreditarmos que podemos derreter neve com o calor do corpo da mesma forma que podemos dar um telefonema, então não consideraremos usurpação fazer as obras de Deus.

"Porque, como imaginou no seu coração, assim é ele." Você, leitor, é o coração e o centro de toda a humanidade. Você é o centro do seu mundo, que gira ao seu redor como uma roda, mas você é o centro exato da roda. Como você pensa e sente, assim será o seu mundo.

As rodas da verdade

O maior dos mandamentos é "Ouve, Israel, o Senhor nosso Deus é o único Senhor". Não devemos dividir o Uno e ver elementos, pessoas, mares e continentes. Não devemos separar o Uno.

Lembre-se do que foi dito: "Que homem é este, que até os ventos e o mar lhe obedecem?" (Mateus 8:27). Todas as tempestades e conflitos do mundo estão dentro da nossa consciência.

Devemos evitar acender velas, pois as pessoas acreditam que o poder está na vela, cerimônia ou ritual. Elas não percebem que é tudo uma questão de crença.

Todo o tratamento também é para si mesmo, bem como todo o amor. "Amarás o teu próximo como a ti mesmo." O seu próximo é você. Se você receber um telefonema de um amigo e ele estiver com problemas, você não está ciente deste problema até ele ser trazido para a sua atenção, quando você mergulha internamente e ajuda. Se o seu dedo está doendo, é um aviso e você dedica sua atenção a ele. Há um Ser subjetivo, um Deus, que Ele é o Pai de todos e o Reino dos Céus está dentro de você, portanto, se você imprimir uma convicção em sua consciência, então aquela convicção ficará objetificada no outro. O outro deverá mudar porque você mudou o seu conceito. Se você começar a mudar o seu conceito das pessoas e objetos, o seu mundo mudará.

Quando realmente nos convencemos que estamos contidos em Deus e somos um com Deus em vez de falar sobre isso, então sentiremos que não é usurpação fazer as obras de Deus. Devemos nos convencer, através da crença prolongada, de que somos de Deus, nada é impossível para nós nesse nível de consciência e condicionar-nos de modo que, ao pedirmos algo, saibamos que "Está terminado". Desta forma nós seremos como Isaac: cegos pelas evidências dos sentidos, nós abençoaremos tocando e sentindo a realidade da busca ideal.

RELAXAMENTO

"Aquietai-vos, e sabei que eu sou Deus." (Salmos 46:10)

Devemos perceber que as causas subjacentes da maioria dos fracassos na realização da prece eficaz são o pensamento confuso e a falta de controle emocional.

É importante observar que encontramos a mesma lei operando na atração magnética dos impulsos de medo, inveja, raiva e desespero (que são responsáveis pela maioria dos fracassos e frustrações na vida) e na inefável emoção do amor que resulta no bem. Um único princípio, uma força idêntica está por trás da realização ou do fracasso.

O medo gera tribulações inevitáveis. É a manifestação, que muda de acordo com o estado de espírito do indivíduo. Toda doença tem origem na frustração emocional. Somos o produto de nossas emoções e estados de espírito.

A tendência é projetar a culpa no outro pelas circunstâncias infelizes, destacando a hereditariedade, o ambiente ou a falta de oportunidade. Esta atitude mental às vezes age como injeção temporária para reforçar o moral, mas não se livra das causas do sofrimento e das aflições.

O mundo é um espelho que reflete nossa atitude mental predominante, e esta constantemente nos reflete. Nem sempre gostamos do que vemos e não tomamos a iniciativa para mudar esta imagem. Se nós cedermos às tendências negativas, logo enfrentaremos condições de vibração semelhante. "O igual atrai o igual." Este é o trabalho perfeito da lei imutável da causa e efeito. Nós negamos sistematicamente que tudo depende da causa e procuramos mudar o efeito, em uma cegueira estupenda. Uma crise de inveja que surge em nós sem dúvida vai atrair situações envolvendo pessoas invejosas em casa, no trabalho ou no mundo social. Geralmente ouvimos pessoas dizendo que detestam inveja nos outros. Se observarmos as reações dessas pessoas, descobriremos que a falha está nelas. O que pensamos ou sentimos encontra afinidade e semelhança em nosso mundo externo.

A lição a ser aprendida é: devemos tirar a luz dos olhos através do estudo e da autocrítica. Com o tempo, não discerniremos nem o cisco no olho do vizinho. Ao ver falhas nos outros, olharemos para dentro de nós, pois é o que devemos fazer.

A frustração e o complexo de inferioridade geralmente ocorrem devido à vaidade frustrada. Se nós fracassamos constantemente e nossos esforços batem em um muro de pedra, devemos olhar para dentro e ver os motivos, que podem ter a aparência de importantes. Para conseguir mudar as circunstâncias, é preciso haver uma mudança de consciência, que passa a ser dominada pelo espírito do sucesso. Para sermos bem-sucedidos, precisamos ter a confiança do sucesso, apagando da mente todos os pensamentos discordantes. É o nosso estado de espírito, a intensidade da fé continuada que se imprime na mente subjetiva. A barreira para o sucesso é quando permitimos que o ego pessoal trace uma fronteira em torno da consciência.

Também é bom perguntar a si mesmo se estamos apenas buscando reconhecimento e aplauso para nós ou se estamos sinceramente interessados no que estamos buscando para o nosso bem. Queremos somente cobrir de penas o nosso ninho ou queremos servir à humanidade? Queremos ser um Emerson, um Lincoln, que amavam a humanidade, ou buscamos a exaltação e glória pessoal? Devemos enviar uma mensagem duradoura da Verdade, ou condicioná-la para ser aceita pelas multidões? Se tivermos algo a oferecer, esse algo será utilizado, exceto se ficarmos no caminho. A indecisão e a hesitação e os assim chamados altos e baixos mercuriais resultam da falta de um objetivo ou ideal interno. Geralmente a pessoa diz: "Estou andando em círculos", e espera que alguém acabe surgindo e mostrando o caminho. Esse indivíduo não tem estabilidade e sabe que se simplesmente se aquietasse e ouvisse a Voz Interior, ela falaria e o guiaria. "Fala, Senhor, porque o teu servo ouve." (1 Samuel 3:9).

Nas Escrituras (Gênese, capítulos 1 e 2) recebemos tanto a fórmula quanto o modo para dar à luz a manifestação viva do nosso ideal arquetípico: "Produza a terra alma vivente conforme a sua espécie"... "e viu Deus que era bom." "E disse Deus: Façamos o homem à nossa imagem, conforme a nossa semelhança"... "E formou o Senhor Deus o homem do pó da terra, e soprou em suas narinas o fôlego da vida; e o homem foi feito alma vivente."

"Soprou." Se este "soprar" pode criar uma manifestação, então pode ser da virtude de seu poder criar outra, portanto devemos prescrever um exercício de respiração rítmica a fim de superar a tensão nervosa e induzir o relaxamento.

Até virar algo natural, é bom realizar o exercício sentado com a coluna reta ou deitado em uma superfície plana. Não pode haver realização onde há tensão. O esforço sem esforço é a máxima para todo progresso espiritual, que é o pré-requisito de toda conquista terrena.

EXERCÍCIO

O tórax, pescoço e cabeça devem ser mantidos na linha mais reta possível.
Depois inspire pelo nariz, contando mentalmente seis pulsações.
Prenda a respiração durante três contagens.
Expire pelo nariz durante três contagens.
Mantenha os pulmões vazios durante três contagens.
Repita conforme desejar até não sentir desconforto algum.

Após um pouco de prática, este ritmo ficará perfeitamente estabelecido sem necessidade de contagem mental. Quando isso acontecer, todas as tensões e esforços desaparecerão, resultado no relaxamento completo.

Com o tempo, você conseguirá executar esse exercício com total facilidade enquanto estiver caminhando, usando cada passo como uma unidade rítmica de contagem. Contudo, no início, especial-

As rodas da verdade

mente para habitantes de cidades onde há a continua interrupção de cruzamentos e congestionamentos, é melhor fazer o exercício apenas sentado ou deitado.

Além da reação física a essa respiração rítmica, há uma resposta espiritual. A cada inspiração você pode impregnar o subconsciente com a sugestão que desejar. É importante lembrar que as "sugestões" devem ser praticadas simultaneamente à inspiração.

Este capítulo foi escrito principalmente para iniciantes e para os estudantes que não aprenderam a fina arte do relaxamento e repouso, que se assemelha ao sono. Este é na verdade um dispositivo com intenção de induzir o estado auto-hipnótico, ideal para impressionar o subconsciente. Por exemplo, se você estiver deprimido ou desanimado enquanto inspira, diga oralmente ou mentalmente "Estou feliz" e sinta isso. Sorria. Este exercício pode ser feito 24 ou 100 vezes de uma vez e repetido com a frequência que você desejar.

Quando aprendemos a respirar ritmicamente, o efeito no sistema nervoso é tão grande que toda a tensão desaparece. Todos nós sabemos que do ponto de vista fisiológico, a respiração diafragmática profunda traz muitos benefícios para o bem-estar corporal. A sensação de bem-estar que sempre acontece após uma respiração profunda favorece a aceitação de qualquer nova sugestão. Durante esses exercícios de respiração, devemos nos visualizar como desejamos ser, cheios de vigor e saúde. O ritmo regular da respiração traz um estimulo análogo ao realizado por qualquer ritmo, como por exemplo, música ou formas de dança que têm um efeito reconfortante e tranquilizador.

Esse ritmo tende a mobilizar a atenção e induzir o relaxamento. Muitos estudantes encontram grande conforto no valor sugestivo dos exercícios respiratórios. Para citar um caso, uma idosa que sofria de asma há vários anos curou-se totalmente fazendo o seguinte exercício: ela se sentava na poltrona e começava a respirar devagar e a cada inspiração, afirmava silenciosamente: "Eu sou toda saúde." Ela repetia isto de dez a 15 minutos por dia, de manhã, à noite e às vezes ao meio-dia. Em duas semanas, ela ficou completamente curada.

Liberte o poder do seu subconsciente

Somos seres pulsantes e rítmicos. Nossos corpos estão sujeitos às leis rítmicas como tudo no universo. Os antigos diziam: "Cada átomo no espaço dança no ritmo dos deuses." O universo (um verso) é apenas uma nota ou tom em Deus, mas há uma quantidade infinita de tons ou taxas de vibração dentro do Uno. Tudo o que vemos está vibrando, e nada está em repouso absoluto na natureza. Apenas Deus ou a Esfinge não se move. A natureza é o nascimento ou a atividade de Deus, o Uno que Se manifesta de incontáveis maneiras. Assim que as formas aparecem no mundo elas começam a mudar, a partir delas aparecem outras formas e assim sucessivamente, para todo o sempre. As formas não passam de aparências que vêm e vão e, da mesma forma, nossos corpos estão constantemente mudando.

Ocorre uma mudança quase completa na química do corpo em questão de minutos, tanto que quase nenhum átomo ou elétron que compõe o seu corpo estará presente nele daqui a alguns meses. Tudo é vibração e a mudança constante permeia o universo. A batida do seu coração segue um determinado ritmo, assim como o fluxo e refluxo das marés. Portanto, na respiração é importante entrar no estado de espírito mental do ritmo, assim como a contagem é utilizada na música.

Se você acha difícil relaxar e imobilizar a sua atenção, é bom se isolar em um quarto onde não haverá algo que o perturbe. É importante que você entre em um ritmo até sentir a vibração por todo o corpo. Agora, olhe para uma luz azul, como uma luminária de mesa com uma lâmpada azul de 30 ou 40 watts, colocada a uns 25 centímetros dos seus olhos. Olhe diretamente para a lâmpada, pois isso gera uma influência auto-hipnótica e induz o relaxamento profundo. Quando os olhos estiverem cansados, feche-os, mas não durma. Mantenha o controle consciente dos pensamentos. Não deverá haver qualquer sensação de tensão, pois o ato de imobilizar a atenção precisa ser feito com o mínimo de esforço voluntário. Forme um esboço mental claro do seu ideal, do que você deseja e depois sinta a realidade dele. É preciso haver uma concentração total do pensamento. Concentre-se no fato de que você agora é o que deseja

As rodas da verdade

ser ou tem o que deseja ter. Concentre-se neste pensamento com expectativa confiante. Após uma ou duas semanas, interrompa o uso da luz azul, pois ela é apenas um auxilio físico e não devemos ficar escravos de suportes físicos de qualquer tipo. Devemos começar a induzir o estado feliz e relaxado por meio da imagem mental que temos. O fracasso ocorre devido à falta de fé. A lei nunca falha.

O SONHADOR DESPERTO

Religião significa "voltar-se para o Uno" ou, em outras palavras, para uma percepção da unidade de tudo. Não pode haver duas religiões pelo mesmo motivo que não pode haver dois Deuses ou dois de nós. Há muitas crenças que, por ignorância, são chamadas de "religião". Há apenas um de você, e o mundo inteiro está dentro de você. O seu verdadeiro eu ou vida é Deus, a consciência invisível e não modificada ou percepção sem forma. Portanto, quando você venera ou reza, está na verdade rezando para o Eu superior dentro de você. A Igreja, o coral, a congregação e o Sumo Sacerdote estão dentro de você, tudo está dentro de você. A Igreja é a sua consciência, o coral é o sentimento jubiloso que ocorre na meditação, o Sumo Sacerdote é o estado de Eu Sou, que declara: "Eu sou o que sinto que sou", "Eu sou o que sou." A congregação são as suas ideias, pensamentos, estados de espírito e conceitos sobre pessoas e objetos. Em outras palavras, a congregação é a sua crença em si mesmo e nos outros.

O Altar do seu Deus está verdadeiramente ornamentado quando está adornado com a virtude do crente. A sua virtude consiste em ver todas as pessoas usando a lei de modo virtuoso e crescendo perfeitamente. Não há joia mais preciosa do que uma vida nobre e o maior altar do Senhor é o do coração purificado.

A sua fé no toque dourado dos valores mobiliários e ações ou no Cristo interior é transitória e às vezes perde o valor? Pela aplicação constante da Regra de Ouro você será como Jesus que, transcendendo a sabedoria humana, uniu-se à Alma, impulso de toda a humanidade. Ele era na verdade a Substância do grande desejo universal, a verdadeira personificação da busca milenar pela paz, sabedoria e iluminação.

Todo dia de nossas vidas devemos começar a meditar sobre a beleza, a glória e a profundidade do Eterno. Ao nos concentrarmos no que não muda dentro de nós, encontramos uma paz permanente, que vai além das estrelas, do tempo e do espaço. Quando estamos imbuídos com ideais grandiosos e temos pensamentos universais, as pequenas questões desaparecem e todo o trivial da vida fica irrelevante, sendo esquecido. Nossa alma realmente se enche com a glória do todo, fazendo as limitações e restrições da vida diária sumirem. Descobrimos que este estado de espírito feliz nos levanta e traz afinidade com a mente universal de Deus. Como a ganância, inveja, discórdia e outros conceitos limitadores que nos prendem à roda da dor somem da nossa consciência, esquecidos na alegria da Verdade, nós viramos cidadãos de consciência livre e nos unimos à paisagem universal. A meditação constante, seja no campo, em casa, ou onde você estiver, faz com que a alma se emocione como se tivesse sido tocada por uma harmonia divina e uma sensação pulsante e palpitante permeia cada parte de nós. Muitos a vivenciam como um formigamento na região da coluna vertebral, como se a melodia dos Deuses fosse tocada no plexo sacral.

Neste estado de espírito profundo e relaxado, nós frequentemente percebemos que este planeta que chamamos Terra vira um ponto na consciência, e tudo o que parecia tão grande e maravilhoso no mundo fica tão insignificante quanto o planeta que vai desaparecendo. As asas de Shekhinah, com sua glória brilhante e ligadas a cada uma das rodas do pensamento interior, nos leva para frente e para cima. Os querubins estão todos ao nosso redor, somos cobertos pela Chama Dourada das sete velas diante do trono. Flutuamos nesta percepção sem forma para além das estrelas até finalmente as luzes cintilantes das estrelas, sóis e luas desaparecerem na Eternidade dentro de nós. Descobrimos

As rodas da verdade

que a imensidão de ser é o nosso Eu Verdadeiro. Descobrimos o Todo. Não há tempo ou espaço agora, ou então, ele ou ela, apenas a Realidade que sempre flui fluindo para sempre. Tudo o que testemunhamos agora é um sonho esquecido. O sonhador despertou e por um momento infinitesimal partilhou de um vislumbre da Realidade. Você descobriu que não há nada além de você, a Esfinge, o propulsor de tudo. Foi descoberto que a face inescrutável da Esfinge, o que não envelhece e não muda é a sua verdadeira identidade, o Cristo interior, o Senhor dos Senhores, o Rei dos Reis e o Príncipe da Paz, o Antigo dos Antigos. "Bendito seja Ele, 'O Antigo dos Dias'."

Você agora parou de sonhar, mas continua contemplando o momento, que dura para sempre. Você é o sólido que chegou ao ponto de fusão e se fundiu ao Sem Limites. Os pensamentos de Deus são seus pensamentos, o coração Dele é o seu coração, o sonho Dele é o seu sonho, a contemplação Dele é a sua contemplação. Então você sabe que terminou a obra que "Ele te deste para fazer". Agora você canta a canção do Cordeiro, dizendo "E agora glorifica-me tu, ó Pai, junto de ti mesmo, com aquela glória que tinha contigo antes que o mundo existisse". Antes que o mundo existisse, "Eu sou", antes que Abraão existisse, "Eu sou", quando tudo cessar de existir, "Eu sou". Eu sou a única Realidade viva, o Uno atemporal dentro de você, "a Palavra perdida" foi encontrada. Você verdadeiramente terminou o trabalho aqui quando descobriu quem é e voltou para a Glória do Pai.

No instante em que você se uniu ao Todo, descobriu que o mundo, o movimento, a gravitação, o tempo e o espaço estão todos dentro de você. Agora você sabe que é o Alfa e o Ômega, o que era, é e sempre será. Tudo no espaço agora gira e dança como incontáveis rodas dentro de você, a Eterna Roda da Lei. Você é o Criador do Céu e da Terra cujo sonho é a criação. Você também é o sonho e quando o sonhador desperta, a criação se desintegra: "Quando tudo cessar de existir, EU SOU." Todo o mundo não passa de um sonho infinito do Infinito. Quando você sair desta fase meditativa, descobrirá que caiu.

Mesmo que você tenha voltado ao tempo e espaço, deverá manter os olhos sempre para cima. Você descobre que nunca será o mesmo e sempre continuará no mundo, mas não será dele. Você se tornará Jesus, o Cristo, tanto Deus quanto humano. Então dizemos: "Tu és em mim e eu em Ti e sou glorificado em Ti." Para nós, todas as pessoas são apenas aspectos de nós, partes integrantes de um corpo, nós mesmos. "(Eu) me santifico a mim mesmo, para que também eles sejam santificados na verdade." Todos se transformarão no Todo e verão a glória transcendente, que era deles antes que o mundo existisse. Todas as partes imperfeitas se tornarão perfeitas e unidas com a Realidade e a Eternidade.

A Ressurreição virá como um nascer do Sol e nunca verá a noite. Ela continuará para sempre, pois agora somos unidos ao nosso Pai e, portanto, perfeitos. Nós verdadeiramente retornamos à Glória do Pai "para não sair mais em trapos e aniagens"

CAPÍTULO 11

O mundo do amanhã

NO MUNDO DO AMANHÃ, seremos indiferentes à falha na lei. É um processo condicionador. A lei a que nos referimos aqui é o Senhor Deus Jeová. Para dizer de modo simples, isto significa a Lei de Deus em manifestação ou a sabedoria de Deus em funcionamento. Os que ficam indiferentes à lei são os que têm controle perfeito do subconsciente e o direcionam de modo tão sábio que tudo o que eles sentirem poderá ser feito e será automaticamente posto em prática. Para essas pessoas não há fracasso, pois elas acreditam que "tudo é possível para Deus". Elas sabem que a Divindade que molda nossos fins é o Deus em repouso sorridente dentro de Si mesmo, a mente subjetiva. Essas pessoas vão concretizar imediatamente seus desejos, disciplinando a mente para aceitar que todos os desejos delas serão realizados. Elas não farão esforço para levantar mesas, pianos ou lavar pratos. Elas vão simplesmente sentar em uma poltrona e, em um estado parcialmente subjetivo ou passivo, ver tudo isso feito. Não será necessário acionar um interruptor para ligar a luz, pois elas sabem que toda luz está dentro delas. O próprio estado de Eu Sou dessas pessoas contém todos os sóis, planetas, estrelas e luas. Portanto, quando elas tiverem vontade,

Liberte o poder do seu subconsciente

toda a luz emanará delas. Será impossível se queimar com o Sol, pois elas controlam todos os raios, que estão na verdade dentro delas. Casualmente o Sol não queima ninguém. As queimaduras vêm de dentro de nós devido à crença ou medo das queimaduras causadas pelo Sol.

Em 1843, um escocês chamado Home costumava atravessar janelas, levantar mesas aleatoriamente sem tocá-las e aumentar ou diminuir a própria altura quando desejasse. Na presença dos maiores cientistas da época, ele superou a lei da gravidade projetando-se através de uma janela, voando pelo espaço sem qualquer auxílio mecânico e depois atravessando outra janela. Ele também desafiou os testes científicos mais rigorosos, provando aos cientistas que conseguia fazer instrumentos científicos interligados e bem fixos em um armário especial moverem-se livremente pelo recinto e serem manipulados por várias pessoas.

Não há mistério nisso, apenas significa que na infância ele foi condicionado para acreditar que podia fazer aquilo. Com tais poderes, não vamos precisar de aviões para viajar. Pelo contrário: nós não usaremos meios mecânicos, simplesmente derrubaremos o tempo e o espaço mergulhando dentro de nós, sentindo que agora nos encontramos onde queremos e, quando abrirmos os olhos, estaremos lá.

Se Deus independe do espaço, para onde podemos viajar? O tempo e a distância são apenas ilusões dos cinco sentidos. Deus é onipresente, portanto Ele não viaja. Deus é atemporal, portanto o tempo é uma ilusão. Se rezarmos cientificamente e percebermos que a nossa consciência é Deus, derrubamos o tempo e o espaço. Muitas pessoas hoje acreditam que podem derrubar o tempo e o espaço apenas em um corpo astral e consequentemente só conseguem fazer isso. "De acordo com sua fé, será aplicado em você." Há um caso recente de uma mulher que pediu a um metafísico para descobrir onde o marido estava, pois não tinha notícias dele há seis meses. O místico entrou em meditação, visitou o homem em Londres e jantou com ele. A mulher, que esperava em uma sala

O mundo do amanhã

externa, abriu a porta e viu o metafísico em transe. Em poucos minutos ele voltou e disse a ela que o marido iria voltar por via marítima, dando o nome do barco e a data de chegada. Quando o marido voltou para casa, a esposa contou a ele sobre a experiência com o homem de prece e ouviu: "Sim, um homem apareceu para mim, quis saber por que eu não tinha escrito para você e fez várias outras perguntas. Nós comemos juntos e no dia eu não achei as perguntas estranhas, mas como ele desapareceu quando saímos pela porta do hotel, achei a experiência bastante incomum." Devemos nos condicionar a derrubar o tempo e o espaço corporalmente e não pela via astral. Algumas pessoas acreditam que podem fazer viagens astrais, ser vistas e fazer transações, enquanto outras acreditam que podem apenas se transportar psicologicamente e não serem vistas, mas podem ver o que está acontecendo em outro lugar, voltar e contar. É tudo crença, nada além de um estado condicionado de consciência. Não há espaço. Estamos vivendo na ilusão do tempo e do espaço. Existem pessoas nos Estados Unidos e em outras partes do mundo que nunca usam bondes, trens ou outros meios de transporte na viagem para casa. Elas simplesmente percebem na consciência que estão onde desejam estar. Não teremos que ir de Nova York a Londres. Sabemos que Londres está dentro de nós, então trazemos o "lá" para "cá" e o distante fica perto. Fecharemos os olhos e simplesmente sentiremos que estamos em Londres neste momento, fazendo o que desejamos fazer. Apenas sentimos a naturalidade do estado e "de acordo com sua fé, será aplicado nele".

Mais uma vez, não há mistério nisso. Devemos começar a praticar a experiência de derrubar o tempo e o espaço agora, hoje, até que isso finalmente seja uma convicção e nossas demonstrações sejam instantâneas. Os místicos antigos sabiam tudo sobre as leis da matemática, geometria, aerodinâmica e engenharia, mas não viam necessidade de aviões ou trens. A lei da gravidade é simplesmente uma crença, nada mais que isso. Portanto, ao conhecer as grandes leis da vida conforme ensinadas na Bíblia, os filósofos

Liberte o poder do seu subconsciente

perceberam esta verdade simples e fundamental: que todas as potencialidades estavam dentro deles, pois Deus habitava neles.

Algumas pessoas podem zombar disso, mas não é novidade. As pessoas zombaram da ideia do rádio, da televisão, do avião e do telégrafo. Os assim chamados sábios do mundo (que sabiam tudo, mas não sabiam nada) acreditavam que tudo isso era impossível. Se somos estudantes da Verdade, devemos certamente perceber que tudo é possível para Deus. Portanto, o que é estranho ou espantoso no fato de estar em Nova York em um momento e em Chicago logo depois? E digo isso corporalmente, no sentido físico e real. Devemos ter a consciência de que é impossível a nossa prece falhar. Sonhe e transforme seus desejos em realidade. Fixe-os como estados verdadeiros de consciência e eles serão concretizados. Primeiro visualize, depois atualize. Sinta tudo naturalmente. O todo está contido onde você está agora, pois Deus habita em você. Os médicos do amanhã não vão receitar comprimidos, radiografias, dietas ou qualquer outro tratamento. Eles vão presumir a atitude de prece e a prática da lei da substituição. Ao invés de verem uma pessoa doente, eles verão a pessoa perfeita, radiante e jubilosa. Os médicos do amanhã ouvirão a boa nova, pois serão os verdadeiros místicos sintonizados com Ele que cura todas as doenças. Alguns médicos já fazem isso. Os que leram o livro metafísico chamado *This Is It* podem se lembrar do jovem que conseguia falar com o irmão a milhares de quilômetros de distância sem ajuda de qualquer dispositivo mecânico. Existem muitos casos similares relatados. O ouvido humano é capaz de captar uma pequena gama de ondas sonoras. Um cachorro pode ouvir sons que somos incapazes de perceber. A voz de uma pessoa no exterior, por exemplo, cria uma onda sonora. Essas ondas correm o mundo e nunca param. Podemos ouvir rádio de qualquer parte do planeta, mas o locutor fala em tom de voz normal. Conseguimos ouvi-lo porque tanto o locutor quanto nós estamos equipados com aparatos sensitivos para enviar e receber sons. Um casal está equipado com um instrumento maior, o amor de Deus ou amor da unidade. Os pensamentos e sentimentos do marido são transmitidos pela esposa, e os

O mundo do amanhã

sentimentos dela vão na direção dele. As ondas sonoras preenchem a lacuna. Algumas esposas deste país ouvem a voz dos maridos tão claramente como se eles estivessem a um metro de distância, mas os maridos estão no Pacífico Sul ou na Europa. Se os entes queridos que estão em casa praticassem de modo consciente e sistemático a arte de ouvir, eles conversariam livremente e com tanta facilidade como se estivessem lado a lado. Na verdade, até com mais clareza. O uso de rádio, televisão ou de qualquer instrumento será obsoleto, pois usaremos apenas a mente. A telepatia se mostrou mais precisa, por exemplo, do que mensagens de rádio. (Leia *Thoughts Through Space*, escrito por Sir Hubert Wilkins e Harold Sherman.)

Os imóveis perderão valor. Sim, o viajante vai sair de um escritório em Nova York e chegar instantaneamente em Venice, Califórnia ou Veneza, Itália. Não haverá necessidade daquela casa de veraneio, automóvel com ar-condicionado ou iate, pois teremos tudo. Não podemos comprar ou vender a luz do Sol. Comandaremos os ventos e as ondas. Se nós quisermos dinheiro para algo, colocaremos a mão no ar e receberemos algumas moedas. Tudo está no ar. Extrairemos mentalmente os objetos do ar e receberemos o que pedimos. "Nada é feito, nada se torna, tudo é, e tudo é Deus." As pessoas do amanhã não serão cínicas. Elas serão humildes. A filosofia delas será: "Eu creio, Senhor! ajuda a minha incredulidade." Eles também serão capazes de projetar a visão para qualquer parte do mundo e ver a pessoa com quem desejam falar. Não será preciso recorrer à televisão para isto. "Aquele que fez o ouvido não ouvirá? E o que formou o olho, não verá?" (Salmos 94:9). Quando nos voltamos para a nossa consciência, que é Deus, somos o centro da causa e de todo o poder. Consequentemente não temos que prestar atenção alguma ao que a ciência médica ou qualquer ciência diz sobre a nossa capacidade limitada de ver e ouvir. Por este simples motivo, "Ele que tudo vê e tudo ouve" está dentro de nós. "Crês tu isto?" A clarividência e clariaudiência são bem conhecidas hoje e todos os verdadeiros cientistas as reconhecem como reais. Nossos pensamentos constituem um universo verdadeiro. Um homem e uma mulher apaixonados vão crescer em uma só harmonia. Se nós amamos Deus sintonizando e reivindicando Seus atributos, cresceremos à semelhança Dele e não consideraremos usurpação fazer as obras de Deus. O humano é Deus andando sobre a terra, mas esquecemos disso. Nós realmente sintonizamos o Eu Superior quando entramos em sintonia com Deus. Os que entoam o Cântico do Cordeiro (Eu sou Cristo) são o povo do amanhã.

As portas podem estar fechadas, e as janelas, trancadas, mas o povo do amanhã aparecerá no meio da reunião em carne e osso. Eles vão andar sobre as águas e aparecer e reaparecer quando tiverem vontade. Essas ocorrências serão tão comuns que as pessoas não vão mais dizer: "Que homem é este, que até os ventos e o mar lhe obedecem?"

O povo do amanhã será como o Espírito. O Sol não os queimará, a temperatura pode estar 300 graus abaixo de zero e eles não sentirão o frio. Raios podem cortar os arranha-céus ao meio, os rios podem subir e inundar os vales e eles não terão medo. Eles vão montar nas nuvens, cavalgar o Sol e a Lua e passear facilmente para além dos quatro mares. Eles não conhecem a morte e não pensam em ganho ou dor.

FILHOS DA LUZ

Todas as leis seculares têm penalidades associadas a elas. Deus fez todas as coisas e as considerou boas. A Lei de Deus é a Verdade. Uma lei no sentido usual pressupõe duas partes e um acordo, mas tudo isso é fabricado. Se jogarmos uma pedra no ar e ela cair no chão, esta é uma lei ou verdade e não contém qualquer recompensa ou punição. Se permitirmos que a pedra caia em nós, significa apenas que não conseguimos sair do caminho.

É completamente falso dizer que Deus fez leis que nós desobedecemos. Podemos acreditar em uma mentira, e a doença e o sofrimento que vêm a seguir se baseiam na crença nessa mentira. Fizemos uma

O mundo do amanhã

lei em nós e agora estamos presos pelas correntes de nossas falsas crenças. As leis da natureza não são diferentes ou separadas das leis da vida interior. Nenhuma força do universo existe fora de nós. A realidade mais profunda é A Identidade Única, dentro da qual todo o mundo se move, vive e existe.

O centro desta grande roda está sempre em repouso, é a Esfinge ou a nossa percepção sem forma, que permanece impassível ao longo de todos os ciclos de transformação. "Tu deverás deleitar-se no sábado." O sábado é a nossa convicção, o descanso do senhor, a quietude que vem após o conhecimento interno de que nossa prece foi atendida. Não devemos ouvir nada além do bem. Quando ouvimos uma pessoa criticar outra, na verdade estamos ouvindo aquela pessoa dizer quem ela é. Não precisamos conferir as referências. Aquela pessoa revelou totalmente seu caráter para nós, e caráter é destino. Tudo o que ele criticou estava interno.

Em palestras sobre a Verdade, integrantes da plateia frequentemente dizem: "Estou incrivelmente feliz por ter trazido meu marido (ou esposa) hoje, pois o que você disse certamente se aplica a ele (ou ela)." O ouvinte nunca pensa que o que foi dito se aplica a ele ou que ele tem algum tipo de culpa.

Acreditamos que se perdemos um artigo que custa cinco dólares, perdemos algo de valor porque estamos constantemente pensando em dinheiro. No entanto, quando perdemos um estado jubiloso, que é a maior perda que podemos ter, não nos importamos porque parecemos esperar o estado triste e deprimido e considerá-lo inevitável.

Sou, com bastante frequência, solicitado a fazer as preces em refeições, particularmente quando convidado à casa de alguém. Eu digo: "Siga teu caminho e coma tua comida com alegria." O único agradecimento verdadeiro é o estado jubiloso. É ótimo para a digestão e assimilação. É o conhecimento interno silencioso de que a recompensa de Deus é abundante. A repetição mecânica de alguma prece pomposa não faz sentido, é desagradável e pode levar à indigestão em algumas instâncias.

Liberte o poder do seu subconsciente

Se você estiver em um estado de espírito jubiloso, as secreções naturais farão seu papel à perfeição, e o alimento que você ingeriu será completamente digerido. Se você acreditar que o alimento é ruim ou estiver em um estado de espírito deprimido, crítico ou com raiva, o alimento vai virar um bolo no esôfago e estômago. O suco gástrico vai secar. Isso pode ser provado facilmente sob hipnose. Se você estiver preocupado, não importa o que coma, o resultado geralmente será uma úlcera no estômago ou no duodeno. Fique tranquilo e feliz, e você ficará curado: a úlcera desaparece, como se nunca tivesse existido. A úlcera existiu porque você continuou a acreditar em uma mentira e nas opiniões dos outros.

A doença é o que vem depois de uma crença. Alguns rezam para que entidades no espaço os curem, outros tomam comprimidos, outros rezam para um Deus exterior, perguntando se realmente merecem aquilo. Rezar é uma proposta aleatória para a maioria das pessoas. Elas não sabem se a prece foi ou será atendida. É verdade que se uma pessoa acredita em um comprimido, a cura virá. É a crença que cura, não o comprimido. A crença é diferente da Verdade. "Os filhos deste mundo são mais prudentes na sua geração do que os filhos da luz." (Lucas 16:8).

"E eu vos digo: Granjeai amigos com as riquezas da injustiça; para que, quando estas vos faltarem, vos recebam eles nos tabernáculos eternos." (Lucas 16:9). Isso significa que é melhor acreditar em algo do que não ter fé alguma. Há pessoas hoje que têm crenças mundanas, como a superstição de que um pé de coelho os protegerá de todo o mal enquanto dirigem. Se você acredita nisto, enquanto tiver o pé de coelho estará imune ao mal. Claro que a estupidez e a falsidade desta crença se manifestam para quem sabe que se o pé de coelho for perdido ou roubado, o Deus do proprietário estará perdido e os infortúnios acontecerão em seguida. O alimento que comemos deverá ser espiritual, o pão do céu que é a Verdade viva. Isso nos dá saúde e felicidade. Quando sentamos para comer, vamos acreditar que o que estamos comendo é bom para nós. Se nós comemos apenas porque somos obrigados, isto

O mundo do amanhã

nos fará mal. Se bebemos um drinque para agradar a anfitriã e sentirmos que é ruim para nós, ele fará mal. O que importa não é o que gostaríamos de acreditar e sim o que realmente acreditamos. Algumas pessoas gostam de balançar a mesa quando comem e de produzir sons à vontade em várias partes da mesa. Esse procedimento é realizado devido a determinado estado de consciência, não devido a espíritos. É por conta de uma lei de dissociação, o mesmo estado passivo peculiar no qual você começa a escrever na tábua Ouija, enquanto aguarda a resposta na atitude de expectativa. Apenas nós operamos a tábua Ouija, ninguém mais. Não há entidades descarnadas nem pessoas realizando uma escrita automática. As leituras dessas tábuas e as operações mediúnicas geralmente temem entidades malignas no espaço. Consequentemente, o medo e o estado negativo resultam em uma divisão de personalidade, também chamada de esquizofrenia. Isso é o alimento ruim, e as escrituras destacam: "Nenhuma coisa abominável comereis." (Deuteronômio 14:3). Devemos pegar nossas ideias, que são fatos da consciência, e secretar as emoções necessárias para assimilar alimentos maravilhosos. Este é o estado de espírito feliz e jubiloso, e se nós formos dormir neste estado, o deserto vai florescer como roseiras.

A VOZ NO DESERTO

> "E confessou, e não negou; confessou:
> Eu não sou o Cristo." (João 1:20)

> "Eu batizo com água; mas no meio de vós está um a quem vós não conheceis. Este é aquele que vem após mim, que é antes de mim, do qual eu não sou digno de desatar a correia da alparca." (João 1:26, 27)

Jonas ou João não é o Cristo, mas dá à luz o Cristo. Cada um de nós, após chamar os 12 apóstolos ao discipulado, se transforma em Jesus, o Cristo, ou Deus-humano aqui e agora, ou Jesus com suas 12 faculdades disciplinadas, significando 13 ou o número sagrado de Deus.

Cristo, como consciência inalterada, está em todas as pessoas, e quando falsas crenças são destiladas de nós, a pura essência do Cristo aparece. Esta destilação ou purificação vem após disciplinar completamente cada uma de nossas 12 faculdades. Devemos ser incapazes de ver algo além do bom, devemos perceber a perfeição divina em toda parte e em cada pessoa. Devemos dar "glória em vez de cinza", e "óleo de gozo em vez de tristeza".

A verdade é uma percepção interna. Então ao constantemente voltar os olhos para dentro, na direção do Real, e sentir o Cântico do Triunfo interior, chamamos o primeiro apóstolo, André, ao discipulado. Chamamos a "audição" ou Pedro ao discipulado ouvindo apenas as boas novas, o evangelho ou bom encanto. Esta é uma audição interna, a audição disciplinada do místico que ouve apenas a voz de Deus ou do bem e não consegue ouvir nada além da Verdade sobre qualquer pessoa. Por meio da aplicação constante da meditação e da prece diária, podemos trazer à tona o Cristo ou nosso Eu verdadeiro e nos revelar como Deus. "E confessou, e não negou." A negação é apossar-se da sensação de ser o que desejamos. Nenhuma afirmação negativa é utilizada. O batismo de João simboliza este processo. "E perguntaram-lhe: Então quê? És tu Elias? E disse: Não sou. És tu profeta? E respondeu: Não." (João 1:21). O profeta é Jesus ou a nossa convicção ou sensação de estar livre. Se nos empolgarmos com este sentimento, ele será essencialmente uma profecia. Elias significa o mesmo que Elijah, "Deus é meu Pai". É preciso descobrir a lei da consciência antes de podermos sair de um estado de limitação: Elijah precisa vir. Jonas ou João vai um degrau acima de Elijah, significando simplesmente que, ao descobrimos que nossa consciência é Deus, agimos motivados por esta suposição e começamos a mudar o mundo. Muitos estão no estado de Elijah e inteligentemente afirmam que Deus está dentro, mas não tomam qualquer atitude em relação a isso.

O mundo do amanhã

"Disse: Eu sou a voz do que clama no deserto: Endireitai o caminho do Senhor, como disse o profeta Isaías." (João 1:23). Esse é o princípio inato em todas as pessoas que eternamente procuram luz e expressão. É Deus procurando vir à tona em generosidade e vigor. A eterna ânsia em cada um de nós de dar vida, amor e beleza para o mundo. No momento em que paramos de fazer isso, morremos, desmoronamos em doença e deterioração mental. É nosso desejo instintivo dar beleza, ordem e simetria para o mundo. Deus é o círculo, Ele é o centro em toda parte, sem circunferência. Formamos um círculo perfeito quando enviamos pensamentos de vida, amor e beleza para todos ao redor, pois a beleza e o amor voltam para nós multiplicados por cem.

O impulso da libido fluindo através de todos nós não é apenas um impulso sexual biológico, e sim a completa compreensão de Deus, que é generosidade ou puro desejo. Deus é puro desejo. O "deserto" é o nosso estado de frustração devido à relutância em compartilhar nossos dons com o mundo. É preciso dar, e todos podem dar um presente de amor na consciência, que é o maior de todos os presentes. "E eu, quando for levantado da terra, todos atrairei a mim." (João 12:32). Se agora no silêncio nós levantarmos a consciência ou ascendermos à colina de Deus e conseguirmos ver pessoas, condições e objetos como devem ser, sentindo a alegria da prece atendida, então demos "mais do que sabíamos" para o mundo e a humanidade. Dons materiais sempre acompanham, mas nunca antecedem o presente na consciência.

"Endireitai o caminho do Senhor." (João 1:23). Simplesmente significa o estado que virá no desejo. Limpamos o caminho para ele removendo todos os obstáculos como dúvidas, medos e pensamentos fúteis.

"Eu batizo com água." (João 1:26). A água vai assumir a forma do recipiente em que for despejada. A água, portanto, significa a consciência não condicionada, que é tudo para todos. Quando

Liberte o poder do seu subconsciente

usamos o "Eu Sou", condicionamos a consciência ao acreditar. Ter pensamentos emocionalizados, como "Estou doente, velho e cansado" faz com que estas ideias emocionalizadas virem estados fixos. Elas são despejadas em um recipiente e assumem a forma dele. A água é um agente purificador e de modo a purificar ou purgar a consciência do pecado, de um erro ou limitação, é preciso assumir um novo estado de espírito ou cultivar uma nova ideia na mente e empolgar-se com ela, até que finalmente ela se torne uma convicção dentro de nós.

Assim, quando o livro de João, que é puro misticismo, diz: "Eu não sou o Cristo", significa que João, a mente consciente, não é o Cristo, cujas correias da alparca não sou digno de desatar. A mente consciente não é criativa. A mente subjetiva é toda sabedoria, todo poder, toda inteligência e onipresente, portanto devemos aquietar a mente consciente e nos concentrar no lugar secreto do altíssimo na consciência pura. Quando todas as nossas percepções sensoriais, como visão, audição, sentimento etc., voltam-se para o Real interno e nós sentimos e cantamos o Cântico do Triunfo, então estamos em prece ou em sintonia com o Infinito.

Se você tem um problema, ele é o efeito de uma causa que nos mesmos colocamos em movimento. Certamente sabemos que Deus não tem problema, Deus é paz, amor e Inteligência Infinita. Tudo o que precisamos fazer quando estamos confusos é sair do mundo do ruído, junto com o problema e ouvir a voz do Sagrado de Israel, Deus. Nesta quietude, a mente é erguida para um nível mais alto de consciência, onde todas as medidas terrestres param. Neste momento, obtêm-se a liberação. A intuição de Deus, que é onisciente, flui pelo problema, e não há problema. É preciso perceber que Deus não está confuso. Ele não conhece o problema. Ele conhece apenas a resposta. Portanto, subimos ao ponto do reconhecimento da resposta correta. Como uma analogia, a matemática em si não conhece o problema ou erro, conhece apenas a resposta. É impossível que a matemática conheça o erro.

O mundo do amanhã

Estamos vivendo em um Cosmos, não no caos. Tudo no Cosmos é ordeiro. Os humanos criam a desordem. Portanto, quando meditamos ou rezamos devemos sempre manter os olhos constantemente em Deus ou nosso bem, sabendo que Deus é a resposta e não o problema. No grande teatro da vida, Deus é o único ator. Ele não é apenas o Ator, Ele também é o Autor e o Roteirista. A humanidade é a irradiação de Deus, uma extensão do Ilimitado, brincando por um instante com as bilhões de partes que chamamos vidas pessoais. Quando este papel específico terminar, o traje que não é mais necessário se desintegrará, e o Espírito que deu vida a ele retornará a sua Fonte. Pois não nos disseram que "Nada se perde em todo o Meu Monte Sagrado"? Quando morremos nosso Espírito continua vivendo. Ele nunca morre, continua até o fim do dia cósmico, até tudo ser reabsorvido para o Uno. O humano perfeito ainda não nasceu. Quando isso acontecer, ninguém pode imaginar a calamidade que acontecerá. Instantaneamente todas as pessoas vão despertar do sonho de ser humano e saber que todos no mundo são meras extensões no espaço daquela pessoa perfeita. Contudo, depois que a pessoa está totalmente desperta, tudo desperta. "Para que todos sejam um, como tu, ó Pai, o és em mim, e eu em ti; que também eles sejam um em nós, para que o mundo creia que tu me enviaste. E eu dei-lhes a glória que a mim me deste, para que sejam um, como nós somos um." (João 17:21, 22).

"Eu neles, e tu em mim, para que eles sejam perfeitos em unidade." (João 17:23). Esotericamente isso significa que, quando nos identificamos com a luz, nós nos tornamos a luz e fluímos novamente com a Luz Sem Limites. "Não poderás ver a minha face, porquanto homem nenhum verá a minha face, e viverá." (Êxodo 33:20). Significa apenas que, quando a pessoa perfeita despertar, ele ou ela será um com o Pai ou um com o Todo. O agora específico se transforma no Universal, então tudo fica perfeito simultaneamente.

Liberte o poder do seu subconsciente

O pergaminho é enrolado e sonhamos um novo sonho. Porque há apenas um Deus, vamos parar de nos enganar e tentar de fazer muitos a partir do Um. "Ouve, Israel, o Senhor nosso Deus é o único Senhor."

"O vento sopra onde quer, e ouves a sua voz, mas não sabes de onde vem, nem para onde vai; assim é todo aquele que é nascido do Espírito." (João 3:8). Um pode ir para o leste, e outro, para o oeste, mas é o estado psicológico fixo que conta, "o jogo da vela". É o estado de espírito que adotamos. Ele vem do nada, do invisível para o visível. "Tenho guardado aqueles que tu me deste, e nenhum deles se perdeu, senão o filho da perdição." (João 17:12). Todas as palavras, crenças, impressões e sugestões estão sendo realizadas e nada é perdido, exceto a sensação de perda.

Se Joseph e Ann estão escalando uma montanha e Ann diz que quer neve enquanto Joseph quer o Sol brilhando, tudo não existe simultaneamente no Absoluto? Tudo existe em Deus. Como Ele contém tudo, embora as mãos do casal estejam unidas enquanto escalam a montanha, se eles subirem alto o bastante na percepção espiritual, cada um será consciente da neve e do Sol brilhando separadamente. Psicólogos provaram que, se as pessoas são hipnotizadas e recebem a sugestão de que uma nevasca está caindo, mesmo que possa estar mais de 40 graus à sombra, elas veem a neve e sentem frio, pois é tudo crença. "E Jesus disse-lhe: Se tu podes crer, tudo é possível ao que crê." (Marcos 9:23).

Geralmente ouvimos pessoas banais perguntarem: "E quanto às leis materiais?" As únicas leis materiais que existem foram geradas por você, leitor, e existem enquanto acreditar nelas. Embora você agora acredite nas leis do movimento, alguns não acreditam e, portanto, não estão sujeitos à mesma lei. Jesus disse: "Eu vim a este mundo para juízo, a fim de que os que não veem vejam, e os que veem sejam cegos" (João 9:39), significando que tudo existe agora, mas nós nos recusamos a acreditar. Você pode acreditar que você

O mundo do amanhã

(sua consciência) é Deus andando na Terra quando pensa e age a partir do nível de consciência Absoluta? A consciência (Deus) sempre cria "a sua imagem e semelhança", tanto em escala microcósmica quanto macrocósmica. Aquilo que é criado sempre é relativo ao Criador-consciência.

CAPÍTULO 12

Dormir – O shabat

"Quando caminhares, te guiará; quando te deitares, te guardará; quando acordares, falará contigo." (Provérbios 6:22)

No SONO, ESTAMOS UNIDOS ao nosso Pai todas as noites. Nós os tornamos um com o Antigo dos dias. Antes de dormir, os estudiosos dos mistérios devem aprender a contemplar a luz branca cintilante que brilha para sempre no grande trono branco que é o Lugar Secreto do Altíssimo ou o Sagrado dos Sagrados dentro de nós. Podemos imaginar que vemos essa luz branca, e isso irá acalmar a mente por completo. Nada aparece nessa tela branca sem a nossa permissão.

Agora somos o primeiro do tanque. Ninguém pode entrar nesse tanque de silêncio exceto o nosso "Eu Sou", que é a primeira pessoa e o tempo presente. "Mas, enquanto eu vou, desce outro antes de mim." (João 5:7). O que desde antes de nós são os pensamentos fúteis, como medo, dúvida, desespero, autocomiseração e estados de espíritos similares. Se banirmos esses espíritos ou estados de espírito malignos, Jesus ou a nossa qualidade de "Eu Sou" vai falar suavemente e dizer: "Levanta, sai da tua cama e anda." Então a cura virá. Ao meditar sobre as verdades eternas, a glória interior e as belezas da Deidade, sentimos um movimento dentro de nós, que é a Luz Divina, visível como luz dourada. As palavras nem sempre podem definir e formular o que está por trás do véu. Claro que há várias experiências místicas que não podemos expressar em palavras, como o êxtase do júbilo celestial, do amor e da felicidade. A meditação é aquela comunhão interna que funciona como um ladrão na noite, silenciosamente em nossa alma. Esse estado de espírito não pode ser expresso em palavras ou linguagem, pois está além de todas as formulações e simbolismos com palavras. Entrar no Silêncio é a intercomunhão com o Eu ou o Cristo interior. Essa é a abordagem mais próxima do invisível.

Para receber inspiração em passagens da Bíblia, o procedimento a seguir será muito útil. Comece a imaginar e se concentrar no fato de que na profundidade de si está o Rei dos Reis, o Senhor dos Senhores e o Príncipe da Paz, cujo traje é branco, que também é a aparência da luz do Seu rosto. Imagine este ser sentado em um trono de luz cintilante, e que Ele pode dar a Luz para você. Perceba agora que o Cristo ou a Verdade está ungindo o seu intelecto. Você vai sentir a coluna formigar e a testa úmida, este é o "orvalho dos céus". "Minha cabeça está cheia de orvalho." (Cänticos 5:2). "Assim, pois, te dê Deus do orvalho dos céus."

Muitas pessoas boas pensam que o sono é feito para o descanso do corpo, para a inércia da mente e do corpo. Acredita-se que um processo restaurador acontece, resultando em uma sensação de bem-estar devido ao fato de que ocorre uma restauração da energia física. O motivo pelo qual dormirmos é apenas o desenvolvimento espiritual, e nenhum outro fim. Portanto, é de suma importância que evitemos todos os estados discordantes antes de dormir. A Divindade que molda nossos objetivos é toda sabedoria e organizou para que sejamos impelidos a deixar o mundo de ruído que não é propício a desenvolvimentos espirituais. Somos divinamente guiados no sono. As respostas para vários problemas nos são dadas neste estado de sono. Fórmulas, invenções, poemas, conteúdo para vários volumes também são dados nesse estado de sonho.

Dormir — O shabat

O conteúdo de vários capítulos de livros escolares de química e laboratórios de engenharia do mundo apareceu pela primeira vez em sonhos, como respostas aos pedidos dos sonhadores. O sono, portanto, não significa repouso para o corpo físico no sentido de inatividade mental ou de qualquer outro tipo. Pelo contrário: o sono nos protege da confusão, do caos e das distrações do mundo sensorial objetivo. Paulo disse "cada dia morro". O sonho se assemelha à morte, e a única diferença é que, no assim chamado sono da morte, nós dormimos um pouco mais. Não há ausência da Presença Única, portanto não podemos sair de nós, e todas as experiências acontecem em nossa consciência. Suponha, por exemplo, que você queira inventar ou descobrir algo e não tem precedente para seguir, nenhuma referência de livro ou manual. Você pode ter uma vaga ideia do que deseja inventar ou descobrir e mais nada. A técnica é simples. Aprenda tudo o que puder sobre o assunto objetivamente e depois, em um estado passivo, concentre-se na imagem mental do que você deseja inventar. Posteriormente jogue esta imagem para a mente subconsciente e vá dormir. Quando despertar, não deixe de seguir os "palpites" que receber. Às vezes, eles vêm como uma sensação interna de que a solução está em determinada direção ou grupo de fatos. Você vai descobrir que muitas vezes toda a fórmula ou solução pode aparecer em um sonho. Nesses casos, é bom ter uma caneta por perto quando dorme para que ao acordar você possa anotar as impressões que aparecem em seus sonhos. Alguns dizem: "Eu nunca sonho." Todos nós sonhamos, e se você não se lembra dos sonhos, sugira ao subconsciente antes de dormir a palavra "Lembre". Ele sabe o que você quer lembrar e vai seguir fielmente as suas instruções.

Como todos nós sabemos, o subconsciente nunca dorme. Se você é escritor, professor, médico, dona de casa ou taquígrafo, poderá utilizar essa grande verdade a seu favor, noite após noite. Dê ao subconsciente a imagem mental certa para trabalhar toda as noites sabendo que ele vai reproduzir o pedido exatamente de acordo com o seu desejo.

O livro de Gênesis diz que Deus descansou no sétimo dia. Algumas boas pessoas leem a Bíblia literalmente e pensam que Deus estava fatigado ou precisava de repouso após seis dias de trabalho. Tal concepção é claramente impensável e absurda. "E abençoou Deus o dia sétimo, e o santificou; porque nele descansou de toda a sua obra que Deus criara e fizera." (Gênesis 2:3). Essa citação não tem nenhuma relação com repouso físico ou descanso. O sábado pode ser qualquer hora ou momento do dia ou da noite, pois significa a satisfação suprema que vem após a prece, o conhecimento interno de que o motivo de sua prece é um fato estabelecido em sua consciência e "Do mesmo modo que é internamente, será externamente". Portanto, na calma e na paz você espera a evidência externa da experiência interna.

Temos dois ouvidos, duas narinas, dois olhos e apenas uma boca. Através deles, como diz Platão, "o que é mortal tem sua entrada, imortal é a saída". Todo o alimento que comemos é consumido pelos tecidos, ossos e músculos. Por fim o corpo se desintegra e retorna aos elementos, mas no silêncio, comungando com Deus, quando as sete faculdades estão acalmadas, a voz do Deus eterno fala através dos lábios. Essa pode ser a voz da intuição, que tem a cura em sua vibração ou pode ser a sensação da quarta dimensão de "está finalizado". Este é o descanso ou sábado do Senhor.

O TEMPLO QUE NÃO É FEITO COM AS MÃOS

"E enviou o Rei Salomão um mensageiro e mandou trazer a Hirão de Tiro.
Era ele filho de uma mulher viúva, da tribo de Naftali, e fora seu pai
um homem de Tiro, que trabalhava em cobre; e era cheio de sabedoria,
e de entendimento, e de ciência para fazer toda a obra de cobre;
este veio ao Rei Salomão, e fez toda a sua obra." (1 Reis 7:13, 14)

No centro de cada um de nós, para sempre queimará a chama eterna de Deus. Este centro é o Sagrado dos Sagrados no qual habita o Absoluto.

Dormir — O shabat

Os prédios adjacentes ao templo do Rei Salomão são o nosso ambiente, vida familiar, companheirismo e amigos; na verdade, é cada departamento da nossa vida, trabalho e vida social. Não deverá haver mácula em nenhum deles. Pureza, integridade de ação, autodomínio do pensamento e emoção, virtude genérica: tudo isso compõe a base fundamental para a construção desse Templo que não é feito com as mãos. Essa é nossa participação e nossa libertação. Deste modo, podemos buscar a entrada no Sagrado dos Sagrados? Isso é feito seguindo o conselho dos profetas antigos: "Tudo o que é justo, tudo o que é puro, tudo o que é amável, tudo o que é de boa fama, se há alguma virtude, e se há algum louvor, nisso pensai." (Filipenses 4:8). Em outras palavras, devemos praticar a Presença de Deus em toda parte e o tempo todo.

Praticar a Presença de Deus simboliza os vastos tesouros de ouro e pedras preciosas que são necessários para construir o templo de Salomão que é você.

A Verdade do Ser é que o mundo inteiro e tudo contido nele são a expressão de Deus. Não entendendo esta, que é a maior das verdades, nós podemos formar crenças falsas sobre a Verdade. Vendo limitações de todo tipo ao nosso redor, nós nos sentimos separados de Deus e dependentes dos nossos esforços. É preciso perceber que Deus está fazendo tudo através de nós. Se outras pessoas parecem se comportar mal, a ponto do pensarmos e sentirmos que Deus está trabalhando através delas, a conduta delas vai mudar? Contudo, por que devemos nos concentrar e amplificar as aparentes falhas dos outros? Todos têm qualidades divinas, basta procurar. "Procure e tu encontrarás." Se você procurar o que é bom, vai encontrar. Para ter paz e felicidade (se não for por um propósito maior), deve ser feito um esforço de modo a buscar as boas qualidades nos outros. Quando perguntaram a Tales de Mileto o que era mais difícil e mais fácil de fazer, dizem que ele respondeu: "O mais difícil é aprender a se conhecer, e o mais fácil é encontrar erros nos feitos alheios."

Se a qualquer momento você for favorecido pela "graça" de Deus de curar, perceba que Deus está curando essa pessoa usando você. Essa é a construção do templo de Deus, pois você, leitor, é o tempo do Deus Vivo.

Liberte o poder do seu subconsciente

"Depois levantou as colunas no pórtico do templo; e levantando a coluna direita, pôs-lhe o nome de Jaquim; e levantando a coluna esquerda, pôs-lhe o nome de Boaz." (1 Reis 7:21). Jaquim é a Personalidade Infinita ou a Presença de Deus em cada um de nós. Ele é pessoal para cada um de nós. O outro pilar é a lei da causa e do efeito: "Tudo o que o homem semear, isso também ceifará", que é impessoal. Isso também pode ser chamado de Amor. Esses dois pilares compõem a entrada do reino do Rei Salomão, que é o Lugar Sagrado do Altíssimo dentro de cada um de nós. Deus reside no silêncio, a Verdade é transmitida no silêncio e vivida no silêncio. Hirão, que constrói o templo, é o homem que agora está ciente de que a consciência dele é Deus.

"E firmava-se sobre doze bois, três que olhavam para o norte, e três que olhavam para o ocidente, e três que olhavam para o sul, e três que olhavam para o oriente; e o mar estava em cima deles, e todas as suas partes posteriores para o lado de dentro." (1 Reis 7:25). Os bois são touros emasculados cujo significado é que antes de podermos terminar o templo e despertar da ilusão do sofrimento, mal e caos para a realidade do amor, compaixão e sabedoria, é preciso disciplinar nossas faculdades. Do contrário, assim como o touro, vamos correr soltos e os sentidos serão nosso mestre em vez de servo. Algumas pessoas vivem para comer, beber e satisfazer as paixões e apetites. Uma dessas pessoas é citada na Bíblia como a cobra que rasteja sobre a barriga comendo a terra. Portanto, é preciso buscar valores permanentes onde será encontrada a única Realidade de um Plano Divino. Os três bois olhando para o norte são André, Pedro e Tiago, que simbolizam a percepção, a audição e o julgamento correto. Os três olhando para o ocidente são João, Filipe e Bartolomeu, que simbolizam o amor, a emoção e a imaginação disciplinada. Já os três olhando para o sul são Tomás, Mateus e Jaime, que representam o afastamento da atenção das condições negativas e a aceitação dos desejos e da capacidade de romper o véu. Os três olhando para o oriente são Tadeu, Simão, o cananeu, e Judas, que nos representam em prece, através da qual nos vol-

Dormir — O shabat

tamos para dentro e cantamos o Cântico do Triunfo com o louvor de Deus para sempre nos lábios. Nós residimos em um banquete místico de alegria, paz e felicidade e depois descansamos. O resto é "Judas", ou o afastamento completo de tudo o que poderia negar o bem, seja para nós mesmos ou para os outros.

Quando finalmente disciplinamos Judas ou a qualidade de morrer diariamente para todas as falsas crenças, não haverá mais necessidade de disciplinar as outras faculdades, pois Judas é o maior de todos os apóstolos quando disciplinado. Significa que nós "morremos" para tudo, exceto para o poder de Deus e simplesmente vivemos na presença de Deus o tempo todo. Isso é chamar Judas ao discipulado, então nós revelamos Jesus, nosso Salvador. Para isso, Judas precisa trair ou "revelar" Jesus, que é a nossa consciência e "Salvador". Agora, tocamos a realidade em nossas profundezas através da apropriação de um novo estado de consciência e morremos para todos os nossos antigos conceitos. Mergulhamos com Cristo no estado amoroso de consciência ou o prato universal chamado subjetivo ou Deus em repouso sorridente. Jesus alimenta Judas, que se apropria do pão. Antes, este Judas sempre fora considerado "pobre", agora Jesus o alimentou com o conhecimento do Salvador e o estado de Judas mudou para Jesus, o estado ideal.

"E todas as suas partes posteriores para o lado de dentro." (1 Reis 7:25). Significa que, na prece, nós retiramos as faculdades do mundo dos sentidos e nos voltamos para dentro, na direção do Real, do Um, do Belo e do Bom. Em outras palavras, negamos o que vemos no mundo dos sons e voltamos ao Silêncio. Deus reside no Silêncio. A lenda maçônica diz que três rufiões assassinaram Hirão antes do templo ser terminado e dedicado. Os três rufiões estão em todos nós, constantemente matando o princípio de Cristo. O estudante da Verdade e místico percebe claramente o significado disto: que nós passamos por três graus ou degraus toda vez que morremos para uma antiga crença. Esses três degraus são o reconhecimento que Hirão é o centro da causa, o novo ideal ou desejo purificado e o sentimento ou convicção de agora ser a pessoa que você deseja.

Liberte o poder do seu subconsciente

Essa é a única crucificação (mudança de consciência) que existe. A história da crucificação é um drama místico e, vista pelos olhos dos místicos, é uma das histórias mais belas que há. A Sexta-Feira Santa deveria ser todo dia para aquele que estuda a Verdade. A Sexta-Feira Santa agora é dedicada pelas igrejas cristãs à dor e à tristeza. Quando entendemos seu verdadeiro sentido, vemos que deveria ser e será um dia de alegria, celebração e felicidade. O motivo é perfeitamente óbvio: nós nos regozijamos no bem.

Agora falamos a verdade. Nem os romanos nem os judeus mataram Jesus, o Salvador. Como poderiam fazê-lo? Ele está sempre conosco. Ele é nosso Salvador e salvação, que reside no coração de cada um de nós. Nosso Salvador é morto apenas por nós quando não o reconhecemos em consciência e sustentamos fé na realização dos seus desejos. Esse Salvador é a nossa consciência. Nunca nasceu e nunca morrerá. À medida que mudamos a consciência, morremos para o nosso antigo estado e renascemos no novo. O princípio de Cristo em nós nunca morre, então por que enlutar-se por ele?

Jesus tem vários significados: significa salvar e também significa desejo. Além disso, Jesus ignifica a nossa consciência, o Libertador, o Emancipador, o eu libertado. Para que percebamos nossos desejos, ele deve morrer ou ser acalmado. Nós o acalmamos da seguinte forma: entrando no estado de espírito de aceitação do nosso desejo. Devemos contemplar a alegria que seria nossa se tivéssemos o nosso ideal nesse momento e o sentíssemos até ele virar o sábado do Senhor.

Agora temos o conhecimento interno que diz a todos os que rezam corretamente que "está finalizado". Nós não buscamos aquilo pelo que temos convicção. Não pode haver quebra na fé constante. Depois vem o descanso. Nosso antigo estado foi morto, e um novo Jesus (estado salvador da consciência) é ressuscitado: "Eu sou a Ressurreição e a Vida." Este é verdadeiro significado da história da ressureição nas escrituras. Está na hora de os cristãos pintarem o verdadeiro retrato de Jesus para o mundo. Se fizermos isso, todos vão querer emular a imagem gloriosa do verdadeiro Jesus, que mostra

Dormir — O shabat

o Cristo como o estado ungido de consciência. Nós nos transformaremos e seremos como Jesus, o Cristo, o homem mais gentil que já andou sobre a Terra, o homem nobre e majestoso que amou a humanidade, teve compaixão pela multidão e a alimentou, o homem ideal que andou sobre as águas, que se transportou quando desejou e disse "Pai, perdoa-lhes, porque não sabem o que fazem". O louvor de Deus estará para sempre em nossos lábios. Jesus sempre disse: "Pai, graças te dou, por me haveres ouvido." Ele que usou a túnica sem costura da consciência, comeu apenas do melhor, o homem que podia ler pensamentos, além de perdoar e curar. O homem que jamais condenou alguém, mas disse: "Perdoai até setenta vezes sete." O homem que disse ao ladrão: "Hoje estarás comigo no paraíso." O homem que nada sabia sobre leis da gravidade e movimento, mas podia estar onde queria. O homem que podia passar pelo buraco de uma agulha e voltar à vida, o homem que podia atravessar paredes, portas e janelas fechadas, aquele que despertou do sonho de ser homem e ascendeu às nuvens para a glória que era dele antes que o mundo existisse, o estado de "Eu Sou".

Portanto, o significado místico definitivo da crucificação de Jesus é apenas a transformação psicológica e a transmutação da consciência na qual cada um de nós desperta para a nossa qualidade de sagrado aqui e agora e não pede mais pela luz, pois percebe: "Eu sou a Luz do Mundo." Então nos transformamos no esplendor da Luz Ilimitada e nossos olhos agora são os olhos de Deus. O perdão dele agora é o perdão do Absoluto, o Único e o Amor absoluto de toda a humanidade: o Deus de Israel, o Deus de Abraão, Isaac e Jacó.

Quando dramatizarmos a Bíblia, a verdadeira história de Jesus, o Cristo, em livros, púlpitos e salas de aula, começaremos a mudar a consciência da nação e do mundo. Conscientemente nos transformaremos na radiação de Deus, dissolvendo as barreiras entre pessoas. Agora devemos pintar o verdadeiro retrato de Jesus, o Cristo, e não o retrato horrendo pintado por dois mil anos de um homem aflito, sangrando na cruz com uma coroa de espinhos. Não surpreende que nenhum garoto queira ser Jesus, o Cristo, a vítima. Ele prefere

Liberte o poder do seu subconsciente

ser um soldado, um aviador, o criador de uma bomba atômica, para que possa jogar bombas de destruição no aparente "inimigo". A ciência sem a consciência de Cristo (sabedoria de Deus) significa a destruição da humanidade! Se pintarmos o verdadeiro retrato, todos os meninos e meninas vão querer ser Jesus, o Vitorioso, e desejarão emular o ideal perfeito.

Agora nós entalhamos um modelo de perfeição que é bom e belo. O padrão básico do mundo é a beleza, e as particularidades estão suspensas a partir do universal como rosas penduradas em uma roseira. Todos nós temos a obrigação de deixar Hirão construir o templo, pois isso representa o estado de emancipação espiritual, intelectual e mundana. Devemos parar de sacrificar o belo pelo que consideramos as riquezas do mundo. Vamos começar agora a transformar a superstição e a discórdia em um lingote de ouro espiritual. Meditando sobre estas grandes verdades, nós sem dúvida construiremos o templo de Salomão aqui e agora, que é a nossa mente, corpo e circunstâncias.

Estamos procurando "a palavra perdida" sem saber ou perceber que, quando a descobrimos será em nossa própria manjedoura, cercada pelos animais e marcada por uma estrela flamejante ou arbusto em chamas. Esta estrela flamejante é o Sol ou a nossa consciência espiritual chamada "Eu Sou". O "Eu Sou" é a palavra perdida e, agora que a encontramos podemos curar os cegos, os doentes e ressuscitar os mortos.

O TEMPLO TERMINADO

As Escrituras dizem que Hirão de Tiro era o filho de uma viúva, o que significa que ele é abençoado com a sabedoria de Deus, que tem o conhecimento ou a compreensão para aplicar princípios universais. "Hiram Abba" quer dizer "Nosso Pai Hirão". Hirão significa na verdade "Eu Sou" ou nossa consciência, que é o Pai de tudo. Tudo em nosso mundo é a imagem externa de um estado

Dormir — O shabat

de consciência dentro de nós. Quando mudamos a consciência, a imagem externa também mudará. Foram necessários sete anos para terminar o templo, significando que devemos morrer diariamente a fim de apresentar mandamentos e continuar expandido para sempre a consciência. Todo pensamento de negação deverá morrer dentro de nós para que possamos viver apenas na verdade de Cristo ou sabedoria de Deus. O poder para ter sucesso está latente dentro de cada um. Há um repouso após cada processo criativo (chamado de sete anos) e, enquanto continuarmos criando e gerando mais valor na vida, iremos de uma glória a outra.

"De maneira que nem martelo, nem machado, nem nenhum outro instrumento de ferro se ouviu na casa quando a edificavam." (1 Reis 6:7). Nós criamos apenas no silêncio. Devemos aprender o caminho sem esforço da vida. Se aceitarmos todos os nossos desejos em consciência, realmente sentindo a realidade do desejo realizado, a manifestação objetiva de cada desejo aparecerá na tela do espaço sem que seja preciso inventar formas e meios. Os princípios universais sempre colocam em funcionamento os métodos de obtenção. Enquanto continuarmos a nos condicionar, rejeitando diariamente todas as falsas crenças, como a necessidade de trabalhar para viver, vai acabar chegando o tempo em que apenas pensaremos, e o pensamento será precipitado diante dos olhos. Isso valerá para alimentos, moradia, castelos reais no ar, dinheiro e tudo que seja tangível ou concreto.

Este mundo será o nosso playground, além da escola na qual pintaremos as glórias de Deus em estátuas, em pedra, em telas, na carne, em discursos, textos e músicas.

O nosso primeiro trabalho real aqui consiste em meditar sobre os mistérios da vida. Estes são os valores perenes. Dessa forma entendemos a vida, dessa forma o universo será o playground no qual realmente apreciaremos a vida. Fomos feitos para ser felizes. Todos desejam a paz perfeita e a felicidade. "Não podemos esperar por mais, nem precisamos rezar por menos." A felicidade depende de nós e não dos outros.

Devemos aprender a condicionar o clima de acordo com a nossa vontade e ter qualquer estação do ano a qualquer momento. Tudo isso deverá ser feito "de maneira que nem martelo, nem machado, nem nenhum outro instrumento de ferro se ouviu". O Templo do Rei Salomão significa que cada um de nós é Rei por direito. Salomão é a consciência ou o Pai, Filho e Espírito Santo; consciência, ideia e a sensação de ser. Portanto, cada um de nós é Rei ou mestre das próprias ideias, sentimentos e ações e podemos construir a casa que não é feita com as mãos apenas no Silêncio, sintonizando-se para sempre com o Infinito.

Três homens supervisionam a construção deste templo: Salomão (Deus ou consciência), Hirão de Tiro (mente consciente, ideias e conceitos semelhantes a Deus) e Hiram Abba (mente subconsciente). Não há mistério: a forma mais simples de dizer isso é que O Pai ou a consciência não condicionada gera a semente ou ideia, e a nossa natureza sensível ou atitude receptiva da mente recebe a ideia através do sentimento. O que está impresso deve ser expresso. Os milhares de trabalhadores empregados na construção são ideias, estados de espírito, crenças e opiniões sobre pessoas e objetos. Os mestres dos trabalhadores são os estados de espírito predominantes nos quais nos concentramos. Como os estados de espírito são criativos, é preciso observar nossos estados espíritos com sabedoria, pois eles podem virar inimigos dentro do nosso lar. Cada um de nós é o reflexo do estado de espírito que cogitamos. Todo o movimento do Cosmos é na direção da verdade. É o Criador se movendo pelo espaço, dramatizando a Si mesmo pela alegria da expressão pessoal. Cada um de nós é este Ser, mas não acreditamos. Nosso lugar sagrado é a mente consciente onde contemplamos ideias e o mais Sagrado dos Sagrados é o subconsciente ou mente subjetiva. É através da nossa natureza sensível que nos consagramos a Deus.

Devemos andar sobre a terra em silêncio, contemplando verdades eternas para depois andar sobre as águas. Nesse momento, todos os que nos virem vão pensar em Deus e serão abençoados por terem sentido a presença de Deus, o Deus de Abraão, Isaac e Jacó.

Dormir — O shabat

Os cedros do Líbano são usados na construção do templo do Deus vivo, representando a sabedoria, a compreensão e a riqueza. Os cedros são a cruz do Cristo: o eixo vertical é o "Eu Sou" ou consciência e nossa crença psicológica fixa é o horizontal ou o que o cruzou. Não há outra cruz, nunca houve e nunca haverá. A cruz é Deus Se concebendo como humano.

Para o nosso bem, vamos morrer na cruz, deixar a espada perfurar nosso flanco e ressuscitaremos como novos seres. Nós seremos iluminados e transformados do estado de Jesus para o plano de Cristo da Divindade. Sangue e água saíram do flanco Dele, mas sangue e água não brotam de um homem morto. Trata-se de uma grande verdade que deverá ser interpretada misticamente e de nenhuma outra forma. Sangue e água fluem no nascimento, portanto simbolizando o nascimento da consciência de Cristo. À medida que esta percepção se expande, dizemos: "Bendito seja o Nome do Senhor." "Benditos sejam os Anjos Dele." Os anjos e santos são as ideias divinas que estamos irradiando, a aura sutil de amor na direção de todas as pessoas, a extensão de nós mesmos como centros operadores da consciência. Percebemos que nós todos somos santos ou sagrados porque somos os canais através dos quais o Sagrado de Israel anda e fala. Também dizemos em voz alta: "Bendito seja o nome de Maria, Virgem e Mãe." Agora purificamos Maria ou o subjetivo através da prece verdadeira e dissipamos todas as falsas crenças e superstições. Agora nós produzimos o Bendito, o amado Filho de Deus, a consciência de Cristo. Nosso mundo é o céu, e nós moramos nele.

Para concluir, vamos contemplar esta verdade profunda: "Amados, agora somos filhos de Deus, e ainda não é manifestado o que havemos de ser. Mas sabemos que, quando ele se manifestar, seremos semelhantes a ele; porque assim como é o veremos." (1 João 3:2).

CAPÍTULO 13

Afirmações para a saúde e a riqueza

ESTE CAPÍTULO ESTÁ REPLETO de afirmações poderosas para saúde, riqueza, relacionamentos e expressão pessoal. A ideia por trás dessas técnicas é bem simples. A maioria de nós cresce aprendendo a se desprezar por qualquer erro, seja real ou fruto da imaginação. Crescemos acreditando em determinados fatos sobre nós ou nos comparamos negativamente aos outros. O uso de afirmações positivas é uma técnica para transformar esse monólogo negativo em algo mais positivo. Como perdemos muitos anos com imagens negativas, não é razoável esperar que estas afirmações tenham efeito instantâneo. No entanto, se as repetirmos por alguns dias com sinceridade, confiança e fé, os resultados vão começar a acontecer.

CONSCIÊNCIA DA RIQUEZA
COMO APLICAR O PRINCÍPIO DA CURA

"Porque te restaurarei a saúde, e te curarei as tuas chagas, diz o Senhor." (Jeremias 30:17). O Deus em mim tem possibilidades ilimitadas. Sei que tudo é possível com Ele. Acredito nisso e aceito de

Falo a palavra agora para a cura da mente, do corpo e das circunstâncias. Sei que esse princípio dentro de mim reage a minha fé e confiança. O Pai faz o trabalho. Neste momento estou em contato com a vida, o amor, a verdade e a beleza dentro de mim. Eu me alinho ao Princípio Infinito do Amor e da Vida dentro de mim. Sei que harmonia, saúde e paz estão sendo expressas em meu corpo. Enquanto eu viver, movimentar-me e agir supondo a minha saúde como perfeita, isso se transformará em realidade. Agora imagino e sinto a realidade do meu corpo perfeito. Estou preenchido por uma sensação de paz e bem-estar. Obrigado, Pai.

Jesus disse: "A tua fé te salvou." (Mateus 9:22).

Acredito positivamente no Poder Curativo de Deus em mim. Minha mente consciente e a subconsciente estão em total acordo. Aceito essa verdade, que afirmo positivamente. As palavras que falo são do espírito e são a verdade.

Agora decreto que o Poder curativo de Deus está transformando todo o meu corpo, deixando-me pleno, puro e perfeito. Acredito com uma certeza profunda e interna que minha prece de fé está se manifestando agora. Sou guiado pela sabedoria de Deus em todos os assuntos. O Amor de Deus flui em beleza transcendente e afeto para a minha mente e corpo, transformando, normalizando e energizando cada átomo do meu ser. Sinto a paz que passa pela compreensão. A glória de Deus me cerca e descanso para sempre nos Braços Eternos.

USAR A TÚNICA DELE

Encontrei Deus no santuário da minha alma. Deus é Vida e esta Vida é minha. Sei que Deus não é um corpo. Ele não tem forma, tempo ou idade. Vejo Deus com o olho da mente. Através da

Afirmações para a saúde e a riqueza

compreensão eu vejo e considero Deus da mesma forma que vejo a resposta para um problema matemático.

Agora eu me elevo para a consciência da paz, do equilíbrio e do poder. Esta sensação de alegria, paz e boa vontade interior é, na verdade, o espírito de Deus se movendo dentro de mim. É Ele em ação, é o Todo Poderoso. O que é externo não tem poder para me ferir, o único poder reside em minha mente e consciência.

Meu corpo é a túnica de Deus. O Espírito Vivo Todo Poderoso está em mim e é absolutamente puro, sagrado e perfeito. Sei que este Espírito Santo é Deus, e que este Espírito agora está fluindo através de mim, curando e deixando meu corpo íntegro, puro e perfeito. Tenho total poder sobre o meu corpo e o meu mundo.

Meus pensamentos de paz, poder e saúde têm o Poder de Deus para virarem realidade em mim agora. "Bem-aventurados os limpos de coração, porque eles verão a Deus." (Mateus 5:8). Eu vi e senti A Sua Presença Santa. É maravilhoso.

A MENTE QUIETA

Deus mora no centro do meu ser. Deus é Paz. Esta Paz me envolve nos Braços Dele agora. Há uma sensação profunda de segurança vitalidade e força subjacente a esta paz. Esta sensação interna de paz na qual eu agora me concentro é a Presença de Deus, taciturna e silenciosa. O Amor e a Luz de Deus zelam por mim, como uma mãe amorosa zela pelo filho que dorme. No fundo do meu coração está a Presença Sagrada que é a minha paz, força e fonte de suprimento.

Todo o medo despareceu. Vejo Deus em todas as pessoas. Vejo Deus manifesto em tudo. Sou um instrumento da Presença Divina e agora libero esta paz interior que flui por todo o meu ser, liberando e dissolvendo.

EQUILÍBRIO MENTAL

"Para onde me irei do teu espírito, ou para onde fugirei da tua face? Se subir ao céu, lá tu estás; se fizer no inferno a minha cama, eis que tu ali estás também. Se tomar as asas da alva, se habitar nas extremidades do mar, Até ali a tua mão me guiará e a tua destra me susterá." (Salmos 139:7-10). Agora estou cheio de entusiasmo Divino porque estou na Presença da Divindade. Estou na Presença de Todo o Poder, Sabedoria, Majestade e Amor. A Luz de Deus ilumina meu intelecto, e minha mente está cheia de estabilidade, prumo e equilíbrio. Há um perfeito ajuste mental para tudo. Estou em paz com meus pensamentos. Eu me regozijo em meu trabalho, que me dá alegria e felicidade. Exploro continuamente o meu Depósito Divino, pois Ele é a única Presença e o único Poder. Minha mente é a mente de Deus e estou em paz.

A PAZ DE DEUS

Tudo está em paz e harmonia em meu mundo, pois Deus em mim é "O Senhor da Paz". Sou a consciência de Deus em ação. Estou sempre em paz. Minha mente é equilibrada, serena e calma. Nesta atmosfera de paz e boa vontade que me cerca, eu sinto uma força profunda e permanente, além da liberdade de todo o medo. Agora sinto e percebo o amor e a beleza de Sua Presença Sagrada. A cada dia estou mais ciente do Amor de Deus e tudo que é falso desaba. Vejo Deus personificado em todas as pessoas. Enquanto permito que esta paz interior flua através do meu ser, todos os problemas estão resolvidos. Eu resido Nele, portanto descanso nos braços eternos da paz. Minha paz é a paz profunda e inalterável de Deus. "E a paz de Deus, que excede todo o entendimento."

Afirmações para a saúde e a riqueza

MEDICINA ESPIRITUAL

"O coração alegre aformoseia o rosto." (Provérbios 15:13). O espírito do Todo Poderoso penetra cada átomo do meu ser e me deixa pleno, jubiloso e perfeito. Sei que todas as funções do meu corpo reagem a esta alegria interna, acumulando-se dentro de mim. Agora estou revolvendo o dom de Deus em mim. Sinto-me maravilhoso. O óleo de gozo e a iluminação ungem o meu intelecto e se transformam em um lampião sob meus pés.

Agora estou perfeitamente ajustado em termos emocionais. Há um equilíbrio divino funcionando em minha mente, corpo e circunstâncias. A partir deste momento, decido expressar paz e felicidade para toda pessoa que encontrar. Sei que minha felicidade e minha paz vêm de Deus, pois irradio Sua luz, amor e verdade para os outros. Também estou abençoando e curando a mim mesmo de incontáveis formas. Eu irradio a luz solar do Amor de Deus para toda a humanidade. A Luz Dele brilha através de mim e ilumina o meu caminho. Estou decidido a expressar paz, alegria e felicidade.

CONTROLAR MINHAS EMOÇÕES

Quando um pensamento negativo de medo, inveja ou ressentimento entra em minha mente, eu o substituo pelo pensamento de Deus. Meus pensamentos são de Deus, e o Poder Dele está em meus pensamentos de bem. Sei que tenho total domínio sobre meus pensamentos e emoções e sou um canal do Divino. Agora redireciono todos os sentimentos e emoções para modelos harmoniosos e construtivos. Neste momento eu me regozijo em aceitar as ideias de Deus, que são paz, harmonia e boa vontade, e me deleito ao expressá-las. Eles curam toda a discórdia em mim. Apenas as ideias de Deus entram em minha mente, trazendo harmonia, saúde e paz.

Deus é Amor. O Amor Perfeito expulsa o medo, o ressentimento e todos os estados negativos. Assim eu me apaixono pela verdade. Desejo para todas as pessoas tudo o que desejo para mim. Irradio amor, paz e boa vontade para todos. Estou em paz.

SUPERAR O MEDO

Não há medo, pois o amor perfeito expulsa o medo. Hoje eu permito que o Amor me mantenha em perfeita harmonia e paz com todos os níveis do meu mundo. Meus pensamentos são amorosos, gentis e harmoniosos. Sinto a união com Deus, pois Nele eu me movimento, vivo e sou.

Sei que todos os meus desejos serão realizados em ordem perfeita. Acredito na Lei Divina em mim para transformar meus ideais em realidade. O Pai faz o trabalho. Eu sou divino, espiritual, jubiloso e absolutamente destemido. Agora estou cercado pela paz perfeita de Deus. "É a paz de Deus, que excede todo o entendimento." (Filipenses 4:7). Coloco toda a atenção no que desejo. Amo este desejo e dou a ele toda a minha atenção, de corpo e alma.

Meu espírito se eleva para o estado de espírito de confiança e paz. Este é o espírito de Deus se movendo em mim, Ele me dá uma noção de paz, segurança e repouso. O Amor verdadeiro e perfeito expulsa o medo.

O TEMPLO SAGRADO

"Os que estão plantados na casa do Senhor florescerão nos átrios do nosso Deus." (Salmos 92:13). Estou calmo e em paz. O espírito da bondade, verdade e beleza motiva meu coração e mente. Meu pensamento agora está na Presença de Deus em mim, isso acalma a minha mente.

Sei que o caminho da criação é o Espírito se movendo em si. Meu Eu Verdadeiro agora se recolhe em si mesmo, criando paz, harmonia e saúde em meu corpo e negócios. Sou Divino em meu eu mais profundo. Sei que sou filho do Deus vivo e crio a forma que Deus cria pela contemplação pessoal do espírito. Sei que meu corpo não sai de si. Ele age de acordo com meus pensamentos e emoções.

Quando digo ao meu corpo: "Fique calmo e quieto", ele deverá obedecer. Entendo que se trata de uma Lei Divina. Afasto a atenção do mundo físico e me banqueteio na Casa de Deus dentro de mim. Medito e me banqueteio na harmonia, saúde e paz. Eles aparecem a partir da Essência Divina interior. Estou em paz. Meu corpo é um templo do Deus Vivo. "Mas o Senhor está no seu santo templo; cale-se diante dele toda a terra."

ACEITAR A ABUNDÂNCIA DEUS É O ETERNO AGORA (COMO USAR A MENTE SUBCONSCIENTE)

Saiba que o meu bem é este exato momento. Acredito de todo o coração que posso profetizar harmonia, saúde, paz e alegria para mim. Entronizo o conceito de paz, sucesso e prosperidade em minha mente agora. Sei e acredito que estes pensamentos (sementes) vão crescer e se manifestar em minha experiência.

Sou o jardineiro, então tudo o que semeio eu colherei. Semeio pensamentos Divinos (sementes), e essas sementes maravilhosas são paz, sucesso, harmonia e boa vontade. É uma colheita maravilhosa.

A partir deste momento, estou depositando no Banco Universal (mente subconsciente) as sementes ou pensamentos de paz, confiança, equilíbrio e segurança. Eu colho os frutos das sementes maravilhosas que deposito. Acredito e aceito o fato de que meu desejo é uma semente depositada no subconsciente. Eu o transformo em realidade sentindo a realidade dele. Aceito a realidade do meu desejo da mesma forma que aceito que a semente depositada no chão vai crescer. Sei que ela cresce na escuridão. Além disso, meu desejo ou ideal cresce na escuridão da mente subconsciente. Em pouco tempo, como a semente, ele surge acima do solo (se objetifica) como condição, circunstância ou evento.

A Inteligência infinita me governa e guia de todas as formas. Eu medito sobre tudo o que é verdadeiro, honesto, justo, amoroso e boa notícia. Penso sobre isso e o Poder de Deus está com meus pensamentos sobre o Bem. Estou em paz.

O CAMINHO DA PRECE

"Farás prosperar o teu caminho, e serás bem-sucedido." (Josué 1:8). Dou um padrão de sucesso e prosperidade para a mente profunda em mim, que é a lei, agora eu me identifico com a Fonte Infinita de suprimento. Ouço a voz calma e pequena de Deus dentro de mim. Esta voz interior lidera, guia e governa todas as minhas atividades. Eu me uno à abundância de Deus. Sei e acredito que há novas e melhores formas de fazer meus negócios. A Inteligência Infinita me revela os novos caminhos.

Estou crescendo em sabedoria e compreensão. Meu negócio é o negócio de Deus, e prospero divinamente de todas as formas. A Sabedoria Divina em mim revela os caminhos e meios pelos quais todos os meus assuntos são ajustados do jeito certo imediatamente.

As palavras de fé e convicção que pronuncio abrem todas as portas ou avenidas necessárias para o meu sucesso e prosperidade. Sei que O Senhor (Lei) vai aperfeiçoar o que me diz respeito. Meus pés são mantidos no caminho perfeito porque sou um filho do Deus vivo.

Afirmações para a saúde e a riqueza

COMO ALCANÇAR A VIDA ABUNDANTE

Sei que prosperar significa crescer espiritualmente em todos os aspectos. Deus está me prosperando agora em mente, corpo e circunstâncias. As ideias de Deus constantemente se desdobram em mim, trazendo saúde, riqueza e a perfeita expressão Divina.

Eu me empolgo internamente, pois sinto a Vida de Deus animando cada átomo do meu ser. Sei que a Vida de Deus está me animando, sustentando e fortalecendo. Eu agora estou expressando um corpo perfeito, radiante cheio de vitalidade, energia e força.

Meu negócio ou profissão é uma atividade Divina e, por ser um negócio de Deus, é bem-sucedido e próspero. Imagino e sinto uma plenitude interna funcionando por todo o meu corpo, mente e negócios. Agradeço e me regozijo na vida abundante.

A PRECE DA FÉ

"E a oração da fé salvará o doente, e o Senhor o levantará." (Tiago 5:15). Sei que não importa a negação de ontem, pois a minha prece ou afirmação sobre a verdade irá se erguer de modo triunfante hoje. Eu contemplo o tempo todo a alegria da prece atendida. Eu caminho o dia inteiro na Luz.

Hoje é dia de Deus e um dia glorioso para mim por ser repleto de paz, harmonia e alegria. Minha fé no bem está escrita em meu coração posso senti-la em meu interior. Estou absolutamente convicto da existência de uma Presença e uma Lei perfeita que recebe a impressão do meu desejo agora e atrai irresistivelmente para a minha experiência tudo de bom que meu coração deseja. Agora coloco toda a minha segurança, fé e confiança no Poder e na Presença de Deus em mim. Estou em paz. Sei que sou um convidado do Infinito e que Deus é meu Hospedeiro. Ouço o convite do Sagrado, dizendo: "Vinde a mim, todos os que estais cansados e oprimidos, e eu vos aliviarei." (Mateus 11:28). Eu descanso em Deus, tudo está bem.

A VIDA ABUNDANTE

Considere os Lírios do campo; eles não trabalham nem giram, mas Salomão em toda a sua glória não foi um desses. Sei que Deus está me prosperando de todas as maneiras. Agora estou levando uma vida abundante, pois acredito em um Deus de abundância. Sou suprido com tudo o que contribui para minha beleza, bem-estar, progresso e paz. Estou vivenciando diariamente os frutos do espírito de Deus em mim. Eu aceito o meu bem agora e caminho na luz de que tudo está bem em mim. Estou em paz, equilibrado, sereno e calmo. Estou unido à fonte da vida, todas as minhas necessidades são atendidas a cada momento do tempo e em cada ponto do espaço. Agora trago "todos os receptáculos vazios para o Pai interior. A plenitude de Deus se manifesta em todos os departamentos da minha vida". "Tudo quanto o Pai tem é meu." (João 16:15). Eu me regozijo por ser assim.

IMAGINAÇÃO, A OFICINA DE DEUS

"Não havendo profecia, o povo perece." (Provérbios 29:18). Minha visão é que eu desejo saber mais sobre Deus e o jeito que Ele trabalha. Minha visão é pela perfeita saúde, harmonia e paz. Minha visão é a fé interior que o Espírito Infinito cura e me guia agora de todas as formas. Sei e acredito que o Poder de Deus em mim atende a minha prece, pois há uma convicção profunda em mim. Sei que a imaginação é o resultado das imagens que crio em minha mente. "A fé é", como diz Paulo, "a substância a partir da qual a imagem é formada".

Faço uma prática diária de imaginar não só para mim como também para os outros, o que é nobre, maravilhoso e semelhante a Cristo. Agora imagino que estou fazendo o que desejo, e que possuo o que desejo. Imagino que neste momento sou o que desejo. Para fazer com que isso seja real, sinto a realidade disso. Eu sei que é assim. Obrigado, Pai.

Afirmações para a saúde e a riqueza

A VONTADE DE DEUS PARA MIM

"Deus abre para mim as janelas do céu e me despeja uma benção."

A vontade de Deus deverá ser Divina, pois esta é a natureza de Deus. A vontade Dele para mim, portanto, é saúde, bondade, harmonia e abundância.

"Se vós estiverdes em mim, e as minhas palavras estiverem em vós, pedireis tudo o que quiserdes, e vos será feito." Agora estou iluminado pela verdade, e a cada dia cresço em sabedoria e compreensão. Sou um canal perfeito para as obras de Deus. Estou livre de todas as preocupações e tribulações. A Inteligência Infinita em mim é um lampião aos meus pés. Sei que sou levado a fazer o certo, pois Deus está agindo em todos os meus assuntos.

A paz que excede todo o entendimento preenche minha mente. Eu acredito e aceito o meu ideal. Sei que ele subsiste no infinito e dou forma e expressão a ele através da aceitação mental completa. Eu sinto a realidade do desejo realizado. A paz de Deus enche a minha alma.

RESIDIR NO SILÊNCIO

Eu sei e percebo que Deus é um espírito se movendo em mim. Sei que Deus é um sentimento ou convicção profunda de harmonia, saúde e paz dentro de mim. É o movimento do meu coração. O espírito ou sensação de confiança e fé que agora me possui é o espírito e a ação de Deus nas águas da minha mente. Isso é Deus, é o Poder criativo em mim. Eu me movimento, vivo e sou na fé, confiando que a bondade, a verdade e a beleza devem me seguir por todos os dias da minha vida. Esta fé em Deus e em tudo o que é bom é onipotente e remove todas as barreiras. Eu fecho a porta dos sentidos, retiro toda a atenção do mundo e me volto par ao Uno, o Belo e o Bom.

Aqui eu resido com meu Pai além do tempo e do espaço, aqui eu me movimento, vivo e resido na sombra do Todo Poderoso. Estou livre de todo o medo, do veredito do mundo e das aparências. Agora sinto a Presença Dele, que é a sensação da prece atendida ou a presença do bem. Eu viro aquilo que contemplei e agora sinto que sou o que quero. Essa sensação ou percepção é a ação de Deus em mim, é o Poder criativo. Eu agradeço pela alegria da prece atendida e repouso no silêncio que "Está feito".

SER, FAZER E TER

Todo o centro do meu ser é Paz, esta é a paz de Deus. Nessa quietude eu sinto a força, a orientação e o Amor de Sua Presença Santa. Sou divinamente ativo e estou expressando a plenitude de Deus em todas as áreas. Sou um canal para o Divino e agora lanço o esplendor aprisionado que está em mim. Sou divinamente guiado para minha expressão verdadeira na vida e sou compensado de forma maravilhosa. Vejo Deus em tudo, personificado em todas as pessoas e em toda parte. Enquanto permitir que este rio de paz flua pelo meu ser, todos os meus problemas estarão resolvidos. A Lei Universal da atração atrai para mim, de modo irresistível, tudo o que preciso expressar neste plano. O caminho é revelado pra mim. Estou cheio de alegria e harmonia.

CAPÍTULO 14

Afirmações para o amor, a personalidade e os relacionamentos familiares

A transmissão de Deus

"Um só é o vosso Mestre, a saber, o Cristo,
e todos vós sois irmãos." (Mateus 23:8)

SEMPRE TRAGO HARMONIA, PAZ e alegria em todas as situações e em todos os relacionamentos pessoais. Eu sei, acredito e reivindico que a paz de Deus reine suprema na mente e no coração de todos em meu lar e em meus negócios. Não importa qual seja o problema; sempre mantenho a paz, o equilíbrio, a paciência e a sabedoria. Perdoo todos de modo amplo e sem restrições, não importa o que possam ter dito ou feito. Deposito todos os meus fardos no Cristo interior e, portanto, sigo livre. Essa é uma sensação maravilhosa. Sei que as bênçãos vêm até mim quando perdoo.

Vejo o anjo da Presença de Deus por trás de cada problema ou situação difícil. Sei que a solução está lá, e tudo está funcionando na ordem Divina. Acredito implicitamente na Presença de Deus, pois ela tem o conhecimento sobre a realização. A Ordem Absoluta do Céu e a Sabedoria Absoluta Dele estão agindo através de mim agora e o tempo todo. Sei que a ordem é a primeira lei do Céu.

Minha mente agora está alegremente fixa e espera essa harmonia perfeita. Sei que o resultado é a solução perfeita e inevitável, pois minha resposta é a de Deus.

RENASCIMENTO ESPIRITUAL

Hoje renasci espiritualmente! Eu me afastei completamente do antigo modo de pensar e trago definitivamente o amor, a luz e a verdade de Deus para a minha experiência. Sinto conscientemente amor por todos que encontro. Digo mentalmente a todos com quem entro em contato: "Vejo o Cristo em você e sei que você vê o Cristo em mim." Reconheço as qualidades de Deus em todos. Pratico isso de manhã, à tarde e à noite. É uma parte viva em mim.

Renasci espiritualmente agora porque pratico a Presença de Deus o dia inteiro. Não importa o que estou fazendo, se estou andando pela rua, fazendo compras ou resolvendo meus assuntos diários. Sempre que meu pensamento se afasta de Deus ou do bem, eu o trago de volta à contemplação da Presença Sagrada. Assim, eu me sinto nobre, majestoso e semelhante a Cristo. Ando em um estado de espírito elevado e sinto minha unidade com Deus. A paz Dele preenche minha alma.

O AMOR LIBERTA

Deus é Amor e Deus é Vida, que é única e indivisível. A vida se manifesta em todas as pessoas e através delas. Ela está no centro do meu ser.

Sei que a luz dispersa a escuridão, assim como o amor do bem supera todo o mal. Meu conhecimento sobre o poder do Amor supera todas as condições negativas agora. O amor e o ódio não podem morar juntos. Agora jogo a Luz de Deus sobre todo o medo ou pensamentos ansiosos em minha mente e eles vão para longe. O amanhecer (luz da verdade) aparece e as sombras (medo e dúvida) se afastam. Sei que o Amor Divino zela por mim, guiando-me e abrindo meus caminhos. Estou me expandindo para o Divino. Agora estou expressando Deus em todos os meus pensamentos, palavras e atos. A natureza de Deus é o Amor e sei que "O perfeito amor lança fora o temor" (1 João 4:18).

O LUGAR SECRETO

> "Aquele que habita no esconderijo do Altíssimo, à sombra do Onipotente descansará." (Salmos 91:1)

Eu habito no esconderijo do altíssimo, que é a minha mente. Todos os meus pensamentos estão de acordo com a harmonia, paz e boa vontade. Minha mente é a moradia da felicidade, alegria e profunda sensação de segurança. Todos os pensamentos que entram na mente contribuem para minha alegria, paz e bem-estar geral. Eu me movimento, vivo e sou na atmosfera do bem, do companheirismo, do amor e da união.

Todas as pessoas que habitam em minha mente são filhas de Deus. Estou em paz de espírito com todos os integrantes do meu lar e toda a humanidade. O mesmo bem que desejo para mim, desejo para todos. Estou residindo na casa de Deus agora. Reivindico paz e felicidade, pois sei que resido na casa do Senhor para sempre.

Liberte o poder do seu subconsciente

CONTROLE SUAS EMOÇÕES

"O longânimo é grande em entendimento, mas o que é de espírito
impaciente mostra a sua loucura." (Provérbios 14:29)

Estou sempre equilibrado, sereno e calmo. A paz de Deus flui pela
minha mente e por todo o meu ser. Eu pratico a Regra de Ouro e
desejo, com sinceridade, paz e boa vontade para todos.

Sei que o amor de tudo que é bom penetra em minha mente, ex-
pulsando todo o medo. Agora estou vivendo a expectativa jubilosa
pelo melhor. A mente está livre de todas as preocupações e dúvidas.
Minhas palavras sobre a verdade agora dissolvem todos os pensamentos e emoções negativos em mim. Estendo meu perdão a todos
e abro as portas do meu coração para a Presença de Deus. Todo o
meu ser é inundado pela luz e compreensão internas.

Os fatos mundanos da vida não me irritam mais. Quando o medo,
a preocupação e a dúvida batem à minha porta, a fé no bem, na
verdade e na beleza abre a porta e não encontra ninguém. Ó, Deus,
tu és o meu Deus e não há outro.

PRECE DE GRATIDÃO

"Ó, dai graças ao Senhor, chamai o nome Dele, fazei com que as proezas
Dele sejam conhecidas entre as pessoas. Cantai para ele, cantai salmos
para ele, falai das obras maravilhosas Dele. Glorificai no santo nome
Dele e deixai o coração deles se regozijarem por buscarem o Senhor."
(Do livro *Prophecy*, de R. F. Rutherford)

Agradeço sinceramente e humildemente por toda a bondade, verdade e beleza que fluem em mim. Tenho um coração grato e elevado
para todo o bem que veio para mim em mente, corpo e circunstâncias. Irradio amor e boa vontade para toda a humanidade. Eu

os elevo em meus pensamentos e sentimentos. Sempre mostro a minha gratidão e agradeço por todas as bênçãos. O coração grato traz a mente e o coração em união íntima com o Poder criativo do Cosmos. O estado de espírito grato e exaltado me leva através dos caminhos pelos quais tudo que é bom virá.

"Entrai pelas portas dele com gratidão, e em seus átrios com louvor; louvai-o, e bendizei o seu nome."

COMO REZAR POR UMA COMPANHIA

Deus é uno e indivisível. Nós nos movemos, amamos e somos Nele. Eu sei e acredito que Deus mora em cada pessoa. Eu sou um com Deus e com todas as pessoas. Agora atraio a pessoa certa, que está em total acordo comigo. Esta é uma união espiritual, porque é o espírito de Deus atuando através da personalidade de alguém com quem eu me misturo perfeitamente. Sei que posso dar a essa pessoa amor, luz e verdade. Sei que posso fazer a vida dessa pessoa plena, completa e maravilhosa.

Decreto que essa pessoa possui as seguintes qualidades e atributos: é espiritual, leal, fiel, verdadeira, próspera, tranquila e feliz. Somos irresistivelmente atraídos um pelo outro. Apenas o que pertence ao amor, à verdade e à plenitude poderá entrar em minha experiência. Eu aceito minha companhia ideal agora.

LIBERDADE DIVINA

"Se vós permanecerdes na minha palavra, verdadeiramente sereis meus discípulos." (João 8:31)

Eu conheço a verdade, e a verdade é que a realização do meu desejo me libertará de toda sensação de escravidão. Aceito minha liberdade, pois sei que ela já está estabelecida no Reino de Deus.

Sei que tudo em meu mundo é projeção de minhas atitudes internas. Estou transformando a mente ao me concentrar em tudo o que seja verdadeiro, gentil, nobre e semelhante a Cristo. Eu me contemplo agora possuindo tudo o que é bom na Vida, como a paz, a harmonia, a saúde e a felicidade.

Minha contemplação se eleva ao ponto da aceitação. Eu aceito completamente os desejos do meu coração. Deus é a única presença. Estou expressando a plenitude de Deus agora. Estou livre! Há paz em meu lar, coração e em todos os meus assuntos.

PRECE PELA PAZ

A paz começa comigo. A paz de Deus preenche a minha mente e o espírito da boa vontade sai de mim para toda a humanidade. Deus está em toda parte e preenche o coração de todas as pessoas. Em verdade absoluta, todas as pessoas agora são espiritualmente perfeitas, pois estão expressando as qualidades e atributos de Deus. Estas qualidades e atributos são Amor, Luz, Verdade e Beleza.

Não existem nações separadas. Todos os povos pertencem a um País, a Nação Única, que é o País de Deus. Um país é um lugar de habitação. Eu habito no esconderijo do Altíssimo. Ando e falo com Deus, assim como todas as pessoas em toda a parte. Há apenas Uma Família Divina, e isso é a Humanidade.

Não há fronteiras ou barreiras entre nações, porque Deus é Uno e indivisível. Deus não pode ser dividido contra Si mesmo. O amor de Deus permeia o coração de todas as pessoas em toda parte. Deus e Sua Sabedoria reinam e guiam a nação. Ele inspira nossos líderes e os líderes de todas as nações para fazer a vontade Dele e apenas a vontade Dele. A paz de Deus, que excede todo o entendimento, preenche a minha mente e de todos no cosmos. Obrigado, Pai, por Tua paz. Está feito.

EXPRESSÃO
COMO PREVER MEU FUTURO

Sei que minha fé em Deus determina meu futuro. Minha fé em Deus significa minha fé em tudo o que é bom. Eu me uno a ideias verdadeiras e sei que o futuro será a imagem e a semelhança do meu pensamento habitual. "Porque, como imaginou no seu coração, assim é ele." A partir deste momento em diante, meus pensamentos estão em: tudo que é verdadeiro, tudo que é honesto, justo, amável e de bom relato, noite e dia eu medito sobre isso e sei que estas sementes (pensamentos) nos quais eu habitualmente me concentro se transformação em uma colheita rica para mim. Sou o capitão da minha alma, Sou senhor do meu destino, pois meu pensamento e sentimento são o meu destino.

MEU DESTINO

Sei que eu modelo, moldo e crio o meu destino. Minha fé em Deus é meu destino, significando uma fé permanente em tudo o que é bom. Vivo na alegria, na expectativa pelo melhor e apenas o melhor vem para mim. Sei a colheita que farei no futuro, pois todos os meus pensamentos são de Deus, e Ele está com meus pensamentos sobre o bem. Meus pensamentos são as sementes da bondade, verdade e beleza. Agora coloco meus pensamentos de amor, paz, alegria, sucesso e boa vontade no jardim da minha mente. Este é o jardim de Deus e vai gerar uma colheita abundante. A glória e a beleza de Deus serão expressas em minha vida. A partir deste momento, eu expresso a vida, o amor e a verdade. Estou radiantemente feliz e próspero de todas as formas. Obrigado, Pai.

Liberte o poder do seu subconsciente

IMAGINAÇÃO CONSTRUTIVA

"O que também aprendestes, e recebestes, e ouvistes, e vistes em mim, isso fazei; e o Deus de paz será convosco." (Filipenses 4:9)

Minha mente é a Mente de Deus, e meus pensamentos também são de Deus. É assim que uso minha imaginação todos os dias: medito constantemente sobre o que é verdadeiro, honesto, justo, amável e boa nova. Minha imaginação é a oficina de Deus o tempo todo. Eu imagino apenas paz, harmonia, saúde, riqueza, expressão perfeita e amor. Rejeito tudo o que não seja semelhante a Deus ou a perfeição. Hoje reivindico meu verdadeiro lugar no Reino de Deus. Faço a prática diária de buscar primeiro o Reino de Deus em mim, por isso sei que tudo o que é bom será acrescentado a mim. Toda a minha fé em Deus é no bem. O Amor de Deus em mim é supremo e expulsa todo o medo. Estou em paz. Obrigado, Pai.

A MENTE EQUILIBRADA

"Tu conservarás em paz aquele cuja mente está firme em ti; porque ele confia em ti." (Isaías 26:3)

Sei que os desejos do fundo do meu coração vêm do Deus em mim. Deus quer que eu seja feliz. A vontade de Deus para mim é vida, amor, verdade e beleza. Aceito mentalmente o meu bem, e por isso sou um canal perfeito, livre e fluente para o Divino.

Venho para a Presença Dele cantando; entro nos átrios Dele com louvor, sou alegre e feliz, estou calmo e equilibrado.

A Voz Calma sussurra em meu ouvindo, revelando a resposta perfeita. Eu sou uma expressão de Deus. Sempre estou em meu lugar verdadeiro e faço o que amo. Eu me recuso a aceitar as opiniões dos outros como verdade. Agora me volto para dentro, onde percebo e sinto o ritmo do Divino. Ouço a melodia de Deus sussurrando a mensagem de amor para mim.

Minha mente é de Deus, e estou sempre refletindo a sabedoria e a inteligência Divinas. Meu cérebro simboliza a capacidade de Cristo de pensar com sabedoria e em termos espirituais. As ideias de Deus se desenrolam na mente em uma sequência perfeita. Estou sempre equilibrado, composto, sereno e calmo, pois sei que Deus sempre revelará a solução perfeita para todas as minhas necessidades.

A PALAVRA CRIATIVA

> "E sede cumpridores da palavra, e não somente ouvintes,
> enganando-vos a vós mesmos." (Tiago 1:22)

Minha palavra criativa é a convicção silenciosa de que minha prece será atendida. Quando falo a palavra para cura, sucesso ou prosperidade, minha palavra é falada na consciência da Vida e do Poder, sabendo que está feito. Minha palavra tem poder, porque ela é um com a Onipotência. As palavras ditas por mim são sempre construtivas e criativas. Quando rezo, minhas palavras estão cheias de vida, amor e sentimento, fazendo com que minhas afirmações, pensamentos e palavras sejam criativas. Sei que, quanto maior a fé por trás da palavra falada, mais força ela tem. As palavras utilizadas por mim criam um molde definitivo e determinam a forma que meu pensamento terá. A Inteligência Divina opera em mim neste exato momento e revela o que preciso saber. Tenho a resposta agora. Estou em paz. Deus é Paz.

Liberte o poder do seu subconsciente

A PRECE ATENDIDA

"Antes que clamem eu responderei; estando eles ainda falando, eu os ouvirei." (Isaías 65:24)

Quando rezo, chamo pelo Pai, o Filho e o Espírito Santo. O Pai é a minha consciência, o Filho é o meu desejo, e o Espírito Santo é a sensação de ser o que quero. Eu afasto a minha atenção do problema, seja ele qual for. Minha mente e meu coração estão abertos para o influxo do Alto.

Sei que o Reino de Deus está em mim. Eu sinto, percebo, entendo e sei que a minha vida, consciência de ser e o meu "Eu Sou" são o Espírito Vivo Todo Poderoso. Eu me volto em reconhecimento para O Que Para Sempre é. A Luz de Deus ilumina o meu caminho, no qual sou Divinamente inspirado e governado de todas as formas.

Agora eu começo a rezar cientificamente de modo a trazer meu desejo para a manifestação, reivindicando e sentindo que sou e tenho o que quero ser e ter. Entro no silêncio interior conhecendo a alma e sabendo que minha prece já foi atendida, pois sinto a realidade dela em meu coração. Obrigado, Pai, está feito!

A RESPOSTA DIVINA

Eu sei que a resposta para o meu problema está no Deus-Eu em mim. Agora fico quieto, calmo e relaxado. Estou em paz. Sei que Deus fala em paz e não em tribulação. Agora estou em sintonia com o Infinito. Sei e acredito implicitamente que a Inteligência Infinita está revelando a resposta perfeita para mim. Penso na solução para os meus problemas e agora vivo no estado de espírito que teria se meu problema estivesse resolvido. Eu vivo verdadeiramente nesta fé permanente e constante que é o estado de espírito da solução. Este é o espírito de Deus se movendo em mim. Este Espírito é Onipotente. Ele está Se manifestando e todo o meu ser se regozija na solução. Estou satisfeito. Vivo este sentimento e agradeço.

Eu sei que Deus tem a resposta. Com Deus tudo é possível. Deus é o Espírito Vivo Todo Poderoso em mim. Ele é a fonte de toda a sabedoria e iluminação.

O indicador da Presença de Deus em mim é a sensação de paz e equilíbrio. Cesso toda a sensação de tensão e luta, pois acredito implicitamente no Poder de Deus. Sei que toda a Sabedoria e Poder de que preciso para ter uma vida gloriosa e bem-sucedida estão em mim. Relaxo todo o corpo e coloco todos os fardos no Cristo. Eu me liberto. Reivindico e sinto a Paz de Deus inundando minha mente, coração e todo o meu ser. Sei que a mente calma resolve os problemas. Agora transfiro o pedido para a Presença de Deus, sabendo que Ela tem uma resposta. Estou em paz.

ORIENTAÇÃO DIVINA

Agora eu me concentro na Onipresença e Oniação de Deus. Sei que essa Sabedoria Infinita guia os planetas em sua fonte. Sei que essa mesma Inteligência Divina governa e direciona todos os meus questionamentos. Reivindico e creio que a Compreensão Divina é minha o tempo todo. Sei que todas as minhas atividades são controladas por esta Presença que mora em meu coração. Todos os meus motivos São semelhantes a Deus e verdadeiros. Estou expressando a sabedoria, a verdade e a beleza de Deus o tempo todo. Aquele Que Tudo Sabe que habita em mim sabe o que fazer e como fazer. Meus negócios ou empreitadas são totalmente controlados, governados e direcionados pelo amor de Deus. A orientação Divina é minha. Sei a resposta de Deus, pois minha mente está em paz. Eu descanso nos Braços Eternos.

AÇÃO CERTA

Eu irradio boa vontade para toda a humanidade em pensamentos, palavras e atos. Sei que a paz e a boa vontade que irradio para outras pessoas voltam para mim multiplicadas por mil. Tudo o que preciso vem para mim do Deus-Eu interior. A Inteligência Infinita está operando através de mim e revelando o que preciso saber. O Deus em mim conhece apenas a resposta. A resposta perfeita se faz conhecida para mim agora. A Inteligência Infinita e a Sabedoria Divina tomam todas as decisões através de mim e há apenas a ação e a expressão certas tomando lugar em minha vida. Toda noite eu me enrolo no Manto do Amor de Deus e durmo sabendo que a Orientação Divina é Minha. Quando o amanhecer vier, estou repleto de paz. Saio para o novo dia cheio de fé, confiança e segurança. Obrigado, Pai.

A RESSUREIÇÃO DO MEU DESEJO

Meu desejo de saúde, harmonia, paz abundância e segurança é a voz de Deus falando para mim. Eu definitivamente escolho ser feliz e bem-sucedido. Sou guiado em todas as formas. Abro a mente e o coração para o influxo do Espírito Santo. Estou em paz. Trago pessoas bem-sucedidas e felizes para a minha experiência e reconheço apenas a Presença e o Poder de Deus em mim.

A Luz de Deus brilha através de mim e parte de mim para tudo a meu respeito. A emanação do Amor de Deus flui de mim. É um esplendor de cura em todos que entram em minha Presença. Agora assumo a sensação de ser o que quero. Sei que a forma de ressuscitar meu desejo é continuar fiel ao meu ideal, sabendo que o Todo Poderoso está agindo em meu nome. Eu vivo neste estado de espírito de fé e confiança. Agradeço por estar feito, pois está estabelecido em Deus e tudo está bem.

Afirmações para o amor, a personalidade e os relacionamentos familiares

CONQUISTAR MEU OBJETIVO

"Reconhece-o em todos os teus caminhos, e ele endireitará as tuas veredas." (Provérbios 3:6). Meu conhecimento de Deus e da forma pela qual Ele trabalha cresce exponencialmente. Eu controlo e direciono todas as minhas emoções para canais pacíficos e construtivos. O Amor Divino preenche todos os meus pensamentos, palavras e ações. Minha mente está em paz e estou em paz com todas as pessoas. Estou sempre tranquilo e calmo. Sei que estou aqui para expressar Deus completamente e de todas as formas. Acredito implicitamente na orientação do Espírito Santo interior. Essa Inteligência Infinita em mim revela o plano perfeito de expressão e sigo na direção dele, confiante e alegre. O objetivo e a meta que tenho em mente são bons, são muito bons. Definitivamente plantei na mente o caminho da realização. O Todo Poderoso se move em meu nome. Ele é uma Luz em meu caminho.

PROBLEMAS PROFISSIONAIS

Eu sei e acredito que meus negócios são os negócios de Deus. Ele é meu sócio em todos os assuntos. Para mim isso significa que Sua Luz, amor, verdade e inspiração preenchem a minha mente e o meu coração de todas as maneiras. Resolvo todos os meus problemas colocando total confiança no Poder Divino em mim. Sei que esta Presença sustenta tudo. Eu agora repouso em segurança e paz. Neste dia, a compreensão perfeita me cerca, pois há uma solução Divina para todos os meus problemas. Eu definitivamente compreendo todos e sou compreendido. Sei que todos os meus relacionamentos de negócios estão de acordo com a Lei Divina da Harmonia. Sei que Cristo reside em todos os meus clientes e fregueses. Trabalho de modo harmonioso com outros até o fim para que a felicidade, prosperidade e paz reinem supremas.

PRINCÍPIOS NOS NEGÓCIOS

Meus negócios são os negócios de Deus. Estou sempre a favor dos negócios do meu Pai, que consistem em irradiar Vida, Amor e Verdade para toda a humanidade. Estou me expressando totalmente agora. Estou dando meus talentos de forma maravilhosa e sou Divinamente compensado.

Deus está prosperando meus negócios, profissão ou atividades de forma maravilhosa. Reivindico que todos na minha organização são vínculos espirituais no crescimento, bem-estar e prosperidade. Eu conheço isso, acredito e me regozijo por ser assim. Todos os que estão conectados a mim estão prosperando Divinamente e são iluminados pela Luz.

A Luz que ilumina toda a humanidade me lidera e guia de todas as formas. A Sabedoria Divina controla todas as minhas decisões. A Inteligência Infinita revela formas melhores para que eu consiga servir a humanidade. Eu descanso no Senhor para sempre.

COMO RESOLVER SEUS PROBLEMAS

> "Por isso vos digo que todas as coisas que pedirdes, orando, crede receber, e tê-las-eis." (Marcos 11:24)

Eu sei que um problema tem sua solução na forma de um desejo. A realização do meu desejo é muito boa. Sei e acredito que o Poder criativo em mim tem o Poder absoluto de produzir o que desejo profundamente. O Princípio que me deu o desejo é o Princípio que dá à luz este desejo. Não há absolutamente discussão alguma em minha mente sobre isso.

Agora cavalgo o cavalo branco, que é o espírito de Deus se movendo sobre as águas da minha mente. Eu afasto minha atenção do problema e me concentro na realidade do desejo realizado. Estou

Afirmações para o amor, a personalidade e os relacionamentos familiares

usando a Lei. Tenho a sensação de que minha prece foi atendida. Faço isso ser real ao sentir a realidade disso. Nele eu me movimento, vivo e sou. Eu vivo neste sentimento e agradeço.

ETAPAS PARA O SUCESSO

> "Não sabeis que me convém tratar dos negócios de meu Pai?" (Lucas 2:49)

Sei que meu negócio, profissão ou atividade é o negócio de Deus. Os negócios de Deus são sempre basicamente bem-sucedidos. Estou crescendo em sabedoria e compreensão a cada dia. Sei, acredito e aceito o fato que a Lei de Deus e da abundância está sempre trabalhando para mim, através de mim e em tudo ao meu redor.

Meus negócios ou profissão estão cheios de ações e expressões corretas. As ideias, dinheiro, mercadorias e contatos de que preciso são meus agora e o tempo todo. A lei da atração universal atrai irresistivelmente tudo isso para mim. Deus é a vida dos meus negócios. Eu sou Divinamente guiado e inspirado em todas as formas. Todo dia sou apresentado a oportunidades maravilhosas de crescer, expandir e progredir. Estou acumulando boa vontade. Sou um grande sucesso porque faço negócios com os outros como gostaria que fizessem comigo.

O TRIUNFO DA PRECE

Agora eu abro mão de tudo, entrando na percepção de paz, harmonia e alegria. Deus é tudo, acima de tudo, através de tudo e em tudo. Levo uma vida triunfante, pois sei que o Amor Divino me guia, direciona, sustenta e cura. A imaculada Presença de Deus está no centro do meu ser. Ela se manifesta agora em cada átomo do meu

Liberte o poder do seu subconsciente

ser. Não pode haver adiamentos, impedimentos ou obstruções à realização do que meu coração deseja. O Poder Todo Poderoso de Deus agora se move em meu nome. Sei o que quero: meu desejo é claro e definido. Eu o aceito completamente em minha mente e continuo fiel até o fim. Entrei em Jerusalém, isso significa que minha mente está em paz.

Este livro foi composto na tipografia Palatino
LT Std, em corpo 11/15, e impresso em
papel off-white no Sistema Cameron da
Divisão Gráfica da Distribuidora Record.